Kohlhammer

Europäische Geschichte der Neuzeit

Christian Henrich-Franke

Globale Welt (1970–2015)

1. Auflage

Verlag W. Kohlhammer

1. Auflage 2019

Gesamtherstellung: W. Kohlhammer GmbH, Stuttgart

Print:
ISBN 978-3-17-033248-5

E-Book-Formate:
pdf: ISBN 978-3-17-033249-2
epub: ISBN 978-3-17-033250-8
mobi: ISBN 978-3-17-033251-5

Inhaltsverzeichnis

1 Chronologischer Überblick

1.1 Vorbemerkungen

Für die Europäische Geschichte stellten die 1970er Jahre einen starken Einschnitt dar, der in vielerlei Hinsicht einen Bruch mit dem Zeitraum davor bedeutete. Sie werden in diesem Band als Zäsur und als Anfang einer neuen Phase der Europäischen Geschichte gesehen, in der Europa Teil einer global interdependenten und vernetzten Welt wurde. Seit den 1970er Jahren waren die meisten Staaten Europas immer stärker in grenzüberschreitende Verflechtungsprozesse eingebunden, die sich einerseits als globale Entwicklungszusammenhänge darstellten und andererseits nach innen eine Intensität erreichten wie niemals zuvor.

Der Zeitraum zwischen 1970 und 2015 lässt sich in drei mehr oder weniger abgeschlossene, sich aber durchaus überlappende Phasen gliedern. Diese erheben keinen Anspruch auf Exklusivität, vielmehr sollen sie als Binnendifferenzierung einen groben Orientierungsrahmen liefern:

(a) Gewandelte Grundlagen Europäischer Geschichte (1970er/1980er Jahre);
(b) Vom Ende der geteilten Welt (1975-1992);
(c) Transformatives Europa: Entgrenzt, Verflochten, Mobil (1990er/2000er Jahre).

Hinzu kommen für die Zeit seit Mitte der 2000er Jahre aktuelle Beobachtungen und Entwicklungstrends der Europäischen Geschichte, die sich derzeit weder historisch fundiert bewerten lassen, noch als für sich abgeschlossen adäquat eingeordnet werden können.

In der ersten Phase ›Gewandelte Grundlagen‹ kristallisierten sich neue Basisdeterminanten Europäischer Geschichte heraus, in der zweiten Phase wurde die Teilung des Kontinents allmählich überwunden und es eröffnete sich so die Möglichkeit gesamteuropäischer Entwicklungen, bevor dann in der dritten Phase eine gesamteuropäische Transformation einsetzte, die mit den Schlagworten ›Entgrenzt, Verflochten, Mobil‹ umschrieben werden kann. Wenngleich die Auswirkungen der neuen Grundlagen sich in Westeuropa bereits zu Beginn der 1980er Jahre auszuwirken begannen – die neoliberale Politik der britischen Regierungschefin Margaret Thatcher ist hier als Paradebeispiel zu nennen –, so kann dennoch erst ab den 1990er Jahren von einem tatsächlich gesamteuropäischen Phänomen gesprochen werden. Bevor nun die groben Entwicklungslinien Europäischer Geschichte entlang dieser drei Phasen skizziert werden, wird zunächst der Strukturbruch der 1970er Jahre als solcher thematisiert, da mit diesem endgültig die Weichen in eine neue Entwicklungsrichtung auf der Basis gewandelter Grundlagen gestellt wurden.

1.2 Strukturbrüche der 1970er Jahre?

Die Zäsur in den 1970er Jahren lässt sich zunächst mit Verweis auf die wirtschaftlichen Entwicklungen begreifen. Schon in der zweiten Hälfte der 1960er Jahre setzte die Schwierigkeit einer Aufrechterhaltung des Weltwährungssystems von Bretton-Woods ein, welches seit dem Ende des Zweiten Weltkriegs – zumindest in der ›nichtsozialistischen Welt‹ – eine wesentliche Grundlage der internationalen Wirtschaftsbeziehungen dargestellt hatte. Mit dem offiziellen Ende von Bretton-Woods im Jahr 1973 wurde nicht nur das Weltwährungssystem auf die Basis fluktuierender Wechselkurse festgelegt, sondern vielmehr begann Europa, v. a. die Mitglieder der Europäischen Wirtschaftsgemeinshaft (EWG), nun ökonomisch wieder mehr Eigenverantwortung zu übernehmen und sich über ein europäisches Währungssystem Gedanken zu machen, welche im Werner-Plan von 1970 eine erste Umsetzung erfuhren, um dann nach weiteren Zwischenstufen in der 1999 vollendeten Wirtschafts- und Währungsunion ihre bis dato endgültige Form anzunehmen. Darüber hinaus sorgten die Ölkrise und der intersektorale Strukturwandel weg von der Industrieproduktion für einen wirtschaftlichen »Strukturbruch der Industriemoderne« (Doering-Manteuffel/Raphael 2010). Es folgten nicht nur der Übergang in die Dienstleistungsgesellschaft mit einem substanziellen Abbau industrieller Produktionskapazitäten, sondern eben auch der Einstieg westeuropäischer Gesellschaften in die Sockelarbeitslosigkeit und die Staatsverschuldung. Mit der Tokio-Runde nach 1973 erreichte die Liberalisierung der Weltmärkte, d. h. der Abbau der Handelshemmnisse im Rahmen des General Agreement on Tariffs and Trade (GATT), wieder dasselbe Niveau wie vor Ausbruch des Ersten Weltkriegs im Jahr 1914.

Politisch beendete die letzte Phase der Dekolonialisierung, v. a. in Afrika, eine Jahrhunderte dauernde Epoche der Europäischen Geschichte, die über die frühen Formen des Handelskolonialismus und dessen radikaler Veränderung im Imperialismus des 19. Jahrhundert den Aufstieg Europas zum global führenden Kontinent gebracht hatte. Mit der Unabhängigkeit der portugiesischen Kolonien in Afrika nach der Nelkenrevolution des Jahres 1974 beendete Europa auch symbolisch ein Kapitel seiner Geschichte, dessen Inhalt – die Führungsrolle in der Welt – es ohnehin längst verloren hatte. Die Notwendigkeit globale Gemeinschaftsgüter wie die Weltmeere, den Weltraum oder die Umwelt unter ›gleichberechtigter‹ Beteiligung aller Staaten zu verhandeln, zeugt ebenfalls davon, dass Europa seinen Platz in einer ›globalen Welt‹ neu bestimmen musste.

Nach innen stellte die erste Erweiterungsrunde der Europäischen Gemeinschaft (EG) um Dänemark, Großbritannien und Irland ebenso eine Zäsur dar, die von zunehmender Verflechtung deutet, wie auch die Konferenz für Sicherheit und Zusammenarbeit in Europa (KSZE), die nach zweijährigen Verhandlungen in der Schlussakte von Helsinki am 1. August 1975 ihren ersten Höhepunkt hatte. War die EG-Erweiterung auf Westeuropa begrenzt, so brachte die KSZE erste konkrete Ergebnisse einer gesamteuropäischen Entspannung im Kalten Krieg. Wenngleich die aus der KSZE resultierenden gesellschaftlich-kulturellen Kontakte ebenso wie Formen wirtschaftlicher Zusammenarbeit, u. a. Gas- und Öllieferungen aus der Sowjetunion nach Westeuropa, hinter die Wahrnehmung des Kalten Krieges als ein dominant politisch-militärischer Konflikt zurücktrat, so haben geschichtswissenschaftliche Forschungen jüngerer Zeit doch herausgearbeitet, dass gerade diese Kontakte in ihrer destabilisierenden Wirkung für den real existierenden Sozialismus nicht unterschätzt werden sollten. Immerhin ging es der großen Mehrheit der friedlichen Demonstranten der Jahre 1989–1991 nicht darum, die sozialistischen Systeme schnellstmöglich durch kapitalistische zu ersetzen. Vielmehr wünschten sie in erster Linie Veränderungen, um die Freiheiten des Konsums oder des Reisens genießen zu können, die sie u. a. aufgrund gesellschaftlicher Kontakte durch die KSZE kennengelernt hatten. Insofern hat also auch die Überwindung des Kalten Kriegs in Europa eine Dimension, die bis in die frühen 1970er Jahre zurückreicht.

Die gewählte Zäsur lässt sich durch technische Entwicklungen weiter untermauern. Computerisierung und Digitalisierung, die auf der Erfindung des Mikrochip aufsattelten, läuteten den Übergang in die mobile Informationsgesellschaft mit vielfältigen technischen Innovationen im Kommunikationswesen ein. Die Inbetriebnahme des ›Advanced Research Projects Agency Network‹ (ARPANET) im Jahr 1969 als erstes Computer-Netzwerk, die massenhafte Implementation der Satellitentechnologie oder die Digitalisierung europäischer Telefonnetze stellten einen epochalen Einschnitt auf dem Weg von analoger zu digitaler Massenkommunikation dar.

Zu guter Letzt darf der vielfach betonte Wertewandel in den Gesellschaften Europas nicht unerwähnt bleiben, der im Kern aus einem Wandel von Pflicht- und Akzeptanz zu Selbstverwirklichungs- und Individualwerten führte. Zum einen etablierte sich zunächst in Westeuropa der einzelne Mensch zunehmend als idealtypischer Europäer, der entweder als Triebfeder von Mitbestimmung und Bürgerrechten oder als ›Bungee-Jumper‹, der seine individuelle Erlebnisgrenze austestet, erschien. Zum anderen rückte der einzelne Mensch im Neoliberalismus der Chicagoer Schule der 1970er Jahre ins Zentrum eines ökonomischen Dogmas, das Wirtschaft und Staat von Grund auf umkrempeln wollte.

Folgt man demgegenüber einem eher außenpolitisch-militärischen Narrativ, dann sprechen wiederum einige Argumente für die Jahre 1989–1991 als Zäsur, überwand doch das Ende des Kalten Kriegs die Trennung des Kontinents und brachte mit dem 2+4 Vertrag 1990 sogar den formellen Friedensvertrag mit dem 1945 besiegten Deutschland. Gegen eine strikte Zäsurierung der Europäischen Geschichte in den 1970er Jahren spricht auch das politisch-militärische Argument der erneuten Verschärfung des Kalten Kriegs gegen Ende der 1970 Jahre. Nachdem der US-Präsident Gerald Ford die Einbeziehung von Mittelstreckenraketen in die Abrüstungspläne des SALT-II Abkommen abgelehnt hatte, modernisierten die Sowjetunion bzw. der Warschauer Pakt mit den SS-20 Raketen und der Westen bzw. die Nordatlantische Verteidigungsgemeinschaft (NATO) mit den Pershing II ihre mobilen Waffenarsenale in Europa. In die ohnehin angespannte Situation fiel dann der Einmarsch der Sowjetunion in Afghanistan im Dezember 1979, den der Westen mit einem Boykott der Olympischen Spiele in Moskau (1980) und der Osten mit einem Boykott der Spiele vier Jahre später in Los Angeles (1984) beantworteten. Letztlich scheiterten auch die ersten Abrüstungsgespräche für Waffenarsenale in Europa zwischen den USA und der Sowjetunion 1982 in Genf daran, dass sich die Kontrahenten nicht auf eine Definition des militärischen Gleichgewichts einigen konnten.

Nichtsdestotrotz, so bedeutsam die gesamten politisch-militärischen Aspekte für die Europäische Geschichte auch waren und so sehr sie strukturell in der unmittelbaren Nachkriegszeit verankert sind, so wenig vermögen sie doch die (langfristig) wirkmächtigen Veränderungen der grundlegenden Entwicklungsdeterminanten in den 1970er Jahren zu marginalisieren. Mit Blick auf eine vielschichtige Interpretation Europäischer Geschichte, die politische, wirtschaftliche, technische, gesellschaftliche und andere Faktoren gleichberechtigt nebeneinanderstellt, sprechen also viele Gründe für die gewählte Zäsur in den 1970er Jahren.

1.3 Gewandelte Grundlagen Europäischer Geschichte (1970er und 1980er Jahre)

Die für die 1970er und 1980er Jahre zu konstatierenden sich wandelnden Grundlagen historischer Entwicklung besaßen ganz unterschiedliche Ausprägungen und Facetten. Vereinfacht können sie in vier Feldern zusammengefasst werden: Europäische Wirtschaftsverantwortung, globale Interdependenzen, der einzelne Mensch und seine Entscheidungen und Weichenstellungen in eine vernetzte Welt.

1.3.1 Europäische Wirtschaftsverantwortung

In den frühen 1970er Jahren brachen wirtschaftliche Grundstrukturen in mehrfacher Hinsicht auf und zwangen Europa sich strukturellen Veränderungen zu stellen. Schon in der zweiten Hälfte der 1960er Jahre geriet das auf dem Gold-Dollar-Standard fußende Weltwährungssystem von Bretton-Woods zunehmend unter Druck. War das System im Kern auf eine ausgeglichene Zahlungsbilanz der USA angewiesen, da alle Währungen an den Dollar gebunden waren, so wirkten sich ab Mitte der 1960 Jahre die Zahlungsbilanzdefizite der USA aufgrund der Finanzierung des Vietnamkrieges schnell auf Europa aus. Währungskrisen und Inflationsdruck innerhalb Europas waren die Folge, die unterschiedliche wirtschaftliche Entwicklungen zwischen den Staaten Europas noch verschärften. Als die Bundesregierung im Mai 1971 schließlich einseitig die Parität zum US-Dollar aufgab und damit zu einem freien Wechselkurs umstieg, fiel nicht nur der Dollar gegenüber der DM um 9,3 %, sondern psychologisch war dies ein bedeutsamer Schritt, weil die Fähigkeit der USA, die Weltwirtschaft stabil zu halten, hinterfragt wurde. Die wirtschaftliche Dominanz der USA, die immerhin die deutsche und europäische Wirtschaft nach dem Zweiten Weltkrieg massiv mitaufgebaut hatte, stand damit im Bereich der Währungen zur Disposition. Der US-Präsident Nixon reagierte darauf im Juni 1971, indem er die Konvertibilität von Gold in Dollar aufgab, sich unilateral weigerte den Dollar abzuwerten und seine Maßnahme mit Einfuhrzöllen in die USA flankierte.

Die Aufkündung multilateraler Prinzipien stellte die Staaten Europas vor eine völlig neue Situation. Einige ließen ihre Währungen frei floaten, andere versuchten mit dem Washingtoner System (1971) oder auch mit dem Werner-Plan der EG (1970) die Währungsturbulenzen einzudämmen. Letztlich scheiterten diese Systeme aber (vorerst) an divergierenden nationalen Interessen. Nachdem in Folge unkontrollierbarer Devisenspekulationen in Europa zwischen dem 2. und 19. März 1973 die meisten Devisenbörsen geschlossen werden mussten, kündigten zunächst die Schweiz und Großbritannien das Abkommen von Bretton-Woods auf. Die anderen europäischen Staaten folgten. Mit dem Ende des Weltwährungssystems von Bretton-Woods verlagerte sich die Verantwortung für die Währungsstabilität in Europa von den USA auf eine Kollektivverantwortung der Europäer, die dann sukzessive von der Europäischen Gemeinschaft übernommen wurde.

Die Währungsturbulenzen trafen die europäische Wirtschaft zu einer Zeit, als diese sich ohnehin im Umbruch befand. Mit dem Kohle- und Stahlsektor leitete eine Industriebranche das Ende des Industriezeitalters in Europa ein, die lange Zeit als Symbol industrieller Prosperität gegolten hatte und noch in den 1950er und frühen 1960er Jahren ein zentraler Motor der wirtschaftlichen Erholung nach dem Zweiten Weltkrieg gewesen war. Der ›Strukturbruch der Industriemoderne‹ bedeutete zwar kein Verschwinden der Industrie in Europa, aber die Beschäftigtenzahlen und die Wertschöpfung verlagerten sich in den Dienstleistungssektor. Von wenigen Ausnahmen abgesehen, setzte spätestens in den 1970er Jahren die Verringerung der Produktion von Massengütern im Eisen- und Stahlbereich sowie in der Kohleförderung ein. In der weiterverarbeitenden Industrie sorgte zudem eine Kombination ansteigender Arbeitsproduktivität und stagnierender Nachfrage für eine sinkende Beschäftigtenzahl. Eine zentrale Rolle fiel dabei der Mechanisierung und dem zunehmenden Einsatz von Computern im Produktionsprozess zu. So baute alleine in der Bundesrepublik die Industrie zwischen 1966 und 1979 ca. 1,8 Millionen Stellen ab. In den 1970er Jahren überstieg in den westeuropäischen Staaten erstmals die Zahl der Beschäftigten im Dienstleistungssektor diejenigen in der Industrie. Neue Arbeitsplätze erforderten neue Qualifikationsprofile, so dass es schwierig wurde, ehemalige Industriearbeiter in neue Tätigkeiten überzuleiten. Schwierige Anpassungsprozesse waren die Folge, die sich über eine ganze Generation hinzogen. Regional fielen die Auswirkungen sehr unterschiedlich aus, insgesamt änderten sich wirtschaftsgeografisch die Koordinaten innerhalb Europas aber dramatisch. Ehemalige Wachstumsmotoren der Schwerindustrie wie Mittelengland oder das Ruhrgebiet wurden zu wirtschaftlichen Sorgenkindern. Es folgte ein jahrzehntelanger Umstrukturierungsprozess, der mit dem Ende der Kohleförderung in Großbritannien 2015 sowie im Ruhrgebiet 2018 eine Art symbolischen Abschluss erlebt. Die betroffenen Gebiete haben sich jedoch bis heute noch nicht erholt und leiden unter hohen Arbeitslosenquoten. Der Strukturwandel zwang die Wirtschaften Europas seit den 1970er Jahren zu einem Umbau, damit die Europäer auf den Weltmärkten mit neuen Produkten und Dienstleistungen bestehen konnten. Die europäische Industrie musste sich dabei zunehmend auf Spezialprodukte fokussieren, deren Herstellung viel technisches Wissen erforderte.

Wie ein Katalysator für die Herausforderungen der europäischen Wirtschaft wirkten die Ölkrisen der Jahre 1973 und 1978. Wenngleich die Krisenanlässe politischer Natur waren – es ging vor allem um Reaktionen auf die Kriege im Nahen Osten wie etwa den Jom-Kippur-Krieg von 1973, der mit einer Erhöhung des Ölpreises um 400 % beantwortet wurde –, so waren die Krisen selber doch klare Zeichen für grundlegende Änderungen auf den Energiemärkten. Sie stellten ein Aufbäumen der erdölproduzierenden Länder gegenüber einem Markt dar, der von einem Oligopol westlicher Ölkonzerne kontrolliert wurde. Die Verstaatlichung von französischen Ölunternehmen in Algerien, die eigentlich die Energiebasis der französischen Wirtschaft ausmachen sollten, stellte beispielsweise die französische Regierung vor völlig neue Herausforderungen. Der Konflikt um die Rohstoffbasis zwang die Europäer nachhaltig über die eigene Energieversorgung nachzudenken. Immerhin beruhte diese in Westeuropa im Jahr 1972 zu 60 % auf Erdöl.

Die Staaten Europas und die Europäische Gemeinschaft reagierten in vielfacher Hinsicht auf die wirtschaftlichen Herausforderungen. Auf die Währungsturbulenzen antworteten sie mit dem Werner-Plan und mit den Ideen einer Europäischen Währungsunion verband sich in den 1970er Jahren die Vorstellung, aus Europa einen Stabilitätsblock zu machen. Zwar scheiterte der Werner-Plan aus dem Jahr 1970 noch an den nationalen Alleingängen der Regierungen, mit denen die währungspolitischen Turbulenzen bekämpft werden sollten. Doch gerade die Erfolglosigkeit individueller Maßnahmen ermunterte die EG-Mitglieder bereits 1977/78 einen erneuten Anlauf zu einer Wirtschafts- und Währungsunion zu nehmen. Auf Initiative des französischen Präsidenten Giscard D'Estaing und Bundeskanzler Helmut Schmidt wurde dann 1979 im Europäischen Währungssystem (EWS), ein System fester (aber begrenzt flexibler) Wechselkurse etabliert, das mit der Europäischen Währungseinheit (ECU) eine Kunstwährung auf der Basis der Wirtschaftskraft der einzelnen Volkswirtschaften hervorbrachte, um innerhalb der EG abrechnen zu können. Eventuelle Schwankungen zwischen den nationalen Währungen sollten durch Interventionen der Zentralbanken auf den Devisenmärkten unterbunden werden, wofür u. a. Stützungsfonds zur Verfügung standen.

Auf die strukturellen und weltwirtschaftlichen Veränderungen versuchte ebenfalls das deutsch-französische Tandem, d'Estaing und Schmidt, institutionelle Antworten zu geben. Zum einen fanden im Rahmen des Weltwirtschaftsforums und der G7-Treffen multilaterale Gespräche der sieben größten Industrienationen außerhalb der bestehenden UN-Institutionen statt. Die G7-Treffen dienten daneben aber auch dazu, die Folgen gestiegener globaler Interdependenz für die industrialisierten Staaten zu erörtern. Zum anderen nahm in den frühen 1980er Jahren Europa den Anlauf zum Binnenmarktprojekt. In der sich verändernden Weltwirtschaft organisierte sich Europa damit noch stärker im Inneren und wurde damit zum Vorreiter eines generellen Regionalisierungstrends der Weltwirtschaft. Das Ergebnis der Bemühungen waren die Einheitliche Europäische Akte (1986) und die Errichtung des Binnenmarkts (1992), die Europa immer stärker zu einem Wirtschaftsblock mit offenen Grenzen nach innen verflochten.

1.3.2 Globale Interdependenzen

Seit Ende des Zweiten Weltkriegs stellte die Dekolonialisierung ein wichtiges Kapitel europäischer Geschichte dar, da die Staaten Europas finanziell, militärisch und politisch weder in der Lage noch tatsächlich daran interessiert waren, den Kolonialismus fortzuführen. Nachdem die europäischen Kolonialstaaten bereits in den 1940er Jahren koloniale Besitzungen in Asien aufgegeben hatten – so 19ndien und 1949 Indonesien – erfolgte ab den 1950er Jahren auf breiter Front die Dekolonialisierung Afrikas. Eine Reihe kolonialer Unabhängigkeitskriege wie der Algerienkrieg (1954–1962) oder der Mau-Mau-Aufstand in Kenia (1956) beförderten die Entwicklung, weil sie den Preis einer Fortsetzung des Kolonialismus weiter in die Höhe trieben. Insbesondere die 1960er Jahre sahen einen flächendeckenden Rückzug Europas aus dem afrikanischen Kolonialismus, der 1975 mit der Unabhängigkeit aller portugiesischer Kolonien und der finalen Trennung der Seychellen, Dschibutis und Simbabwes von Frankreich und Großbritannien zwischen 1976 und 1980 sein Ende fand.

Die Dekolonialisierung führte zu massiven Verschiebungen im internationalen Staatensystem, was sowohl die Strukturen der Zusammenarbeit als auch die dort behandelten Themen betraf und damit globale Interdependenzen teilweise neu konfigurierte. Strukturell resultierte die Dekolonialisierung in einer markanten Zunahme der souveränen Mitgliedsstaaten der Vereinten Nationen. Umfasste diese Ende der 1950er Jahre noch 80 Mitglieder, so stieg deren Zahl bis zum Ende der Dekolonialisierung bereits auf 159 an. Die Entwicklungsländer organisierten sich innerhalb loser Verbünde wie die der Blockfreien Bewegung (1961) oder der Gruppe der 77 (1964), die in den 1970er Jahren an Bedeutung gewannen, weil sie nominell nicht nur eine absolute Mehrheit der Stimmen im internationalen Staatensystem innehatten, sondern die Kontrahenten beider Blöcke des Kalten Krieges gleichzeitig überstimmen konnten.

Mit der gewandelten Mitgliederstruktur stiegen ökonomische Disparitäten innerhalb der Vereinten Nationen radikal an und führten so zu einer Veränderung der Schlüsselthemen. Im Mai 1974 verabschiedete die UN Vollversammlung eine Erklärung über die Errichtung einer ›Neuen Weltwirtschaftsordnung‹ sowie einer ›Neuen Weltinformationsordnung‹. Darüber hinaus wurden die Vereinten Nationen von vereinzelt scharfen Auseinandersetzungen über ressourcenbasierte Machtpolitik oder den nachhaltigen Umgang mit endlichen Ressourcen oder Technologien erschüttert. Insbesondere in den technischen Sonderorganisationen der Vereinten Nationen führte dies in den 1970er Jahren so weit, dass der Gegensatz zwischen Entwicklungs- und Industrieländern den Kalten Krieg überlagerte und sich europäische Staaten über den Eisernen Vorhang hinweg abstimmten. 1975 trafen sich die führenden Industriestaaten nicht zuletzt deshalb in den G7, um Fragen der ›Neuen Weltwirtschaftsordnung‹ zu diskutieren.

Obwohl die Entwicklungsstaaten ihr nominelles Stimmengewicht mittel- und langfristig kaum zur Geltung bringen konnten, so änderten die Vereinten Nationen doch nachhaltig ihre Aufgabenfelder. Schon 1965 wurde das Entwicklungshilfeprogramm der Vereinten Nationen ins Leben gerufen und auch die europäischen Staaten nahmen sich des Themas an. Allerdings fehlte den Entwicklungsprogrammen inhaltlich die Sensibilität für gesellschaftliche Entwicklungsmuster jenseits des europäischen Wegs der Industrialisierung. Die Entwicklungsprogramme orientierten sich zu einseitig an den europäischen Erfolgsfaktoren und transferierten folglich vor allem in den 1970er und 1980er Jahren viel Geld in Programme und Initiativen, von denen keine nachhaltigen Entwicklungsimpulse ausgingen. Entwicklungshilfe wurde zu einem wesentlichen Bestandteil westeuropäischer Politik und manifestierte sich sogar in spezifischen Ministerien.

Die Dekolonialisierung erwies sich auch in der Frage des Umgangs mit globalen Gemeinschaftsgütern wie den Weltmeeren oder dem Weltraum, die in den frühen 1970er Jahren aufkam, als Triebfeder, forderten doch die Entwicklungsstaaten von den zumeist europäischen Industriestaaten eine neue Verteilungs- und Verantwortungsgerechtigkeit ein. So brachte der maltesische Botschafter Arvid Pardo 1967 erstmals in der UN den Gedanken des historischen Unrechts des Kolonialismus ein, mit dem er die Diskussion um einen Ausgleich von Entwicklungsrückständen anstieß. UN-Konferenzen beschlossen in den 1980er Jahren Abkommen, etwa über die Nutzung des Weltraums mittels Satelliten, die die Partizipationsansprüche im Namen der Generationengerechtigkeit festschrieben.

Parallel dazu gewann die Debatte über das ›gemeinsame Erbe der Menschheit‹ an Intensität, wobei es von einem gemeinsamen Schutzprinzip zu einem gemeinsamen Nutzprinzip transformiert wurde. Der Club of Rome veröffentlichte 1972 die Studie ›Grenzen des Wachstums‹, welche den verschwenderischen Umgang mit den endlichen globalen Ressourcen anprangerte und eine starke Aufmerksamkeit für das Thema herstellte. Die UN-Umweltkonferenz von Stockholm warf 1972 als erste Konferenz ihrer Art ökologische Probleme auf und brachte diese mit wirtschaftlichen und politischen Fragen in Verbindung. Die Konferenz gründete durch eine Resolution das UN-Umweltprogramm mit dem Ziel, Daten über die Klimaentwicklung zu sammeln. 1979 folgte in Genf die erste Weltklimakonferenz, allerdings waren diese ersten Ansätze beschränkt auf den wissenschaftlichen Austausch von Informationen und Daten, ohne sich jedoch tatsächlich auch auf die Politik oder die Öffentlichkeit auszuwirken. Sie stellten noch keine tatsächliche Etablierung von Regulierungsregimen dar, die sich mit der Ausschließbarkeit beschäftigten und Nutzungsrechte definierte. All diese Entwicklungen waren aber neben dem wachsenden Welthandel Phänomene zunehmender globaler Interdependenz, der sich die Staaten Europas stellen mussten.

1.3.3 Der einzelne Mensch und seine Entscheidungen

In den späten 1960er und frühen 1970er Jahren begann der individuelle Mensch in Politik, Wirtschaft und Gesellschaft mit seinen Präferenzen, Vorlieben und Lebensentwürfen – aber auch seiner Pflicht zur Eigenverantwortlichkeit – eine zentrale Rolle im Selbstbild der Westeuropäer einzunehmen. Zuvor wirksame kollektive Organisationen wie der Staat, die Klasse oder die Parteien verloren demgegenüber an Bedeutung. Selbstverwirklichung und individuelle Wahlfreiheit sollten zu einer grundlegenden Neuausrichtung (west-) europäischer Wertewelten beitragen und sich vielfältig auf Staaten, Wirtschaften und Gesellschaften auswirken. Es ist indes unerheblich, ob sich die Individualisierung in neuen Formen politischer Partizipation wie den Neuen Sozialen Bewegungen der 1970er Jahre, dem Neoliberalismus als neuer wirtschaftspolitischer Maxime oder der Neuen Subjektivität in der Literatur zeigte. Alle diese Erscheinungsformen, die in ihrer Zeit freilich auch nicht unumstritten waren, stehen für eine neue Selbstpositionierung des Menschen. Dabei spielt es für unsere Überlegungen keine Rolle, wie man sich in der wissenschaftlichen Debatte um Verlauf, Intensität und Ausprägung des Wertewandels positioniert. Unbestreitbar erlangten Individualität und individuelle Wahlfreiheit einen Bedeutungswandel, mit dem auch die Planungseuphorie früherer Jahre, d. h. die (keynesianistische) Vorstellung an eine zentrale Planung und Steuerung von Politik, Wirtschaft und Gesellschaft, der Nährboden entzogen wurde.

Die politische Kultur der Teilhabe brachte dann in den 1970er Jahren in ganz Europa eine Reihe von Bürgerbewegungen hervor, die sich jenseits des etablierten Parteiensystems formierten. Deren Kernforderung lautete weniger Staat und mehr Bürgerbeteiligung, womit sich die sogenannten Neuen Sozialen Bewegungen grundsätzlich nicht stark vom ebenfalls aufkeimenden Neoliberalismus unterschieden. Die Protagonisten der Bewegungen kamen zumeist aus jüngeren Segmenten der Gesellschaft sowie aus höheren sozialen Schichten. Es wurde mit neuartigen Formen der politischen Partizipation experimentiert, die in verschiedenen soziokulturellen Milieus verankert waren und unterschiedliche Ausprägungen erfuhren. Die politische Partizipation war nicht mehr auf Wahlen und Parteien beschränkt. Vielmehr stand das individualistische, kritische Engagement außerhalb des parlamentarischen Gestaltungsraums in kleineren Gruppen im Vordergrund, die sich durchaus wieder in umfangreicheren ›Bewegung‹ formieren konnten. Vielfältige Formen der direkten Demokratie wurden präferiert, etwa Demonstrationen, Bürgerinitiativen oder Unterschriftensammlungen. Es war dabei nicht das Ziel der großen Mehrheit der Neuen Sozialen Bewegungen den Staat abzuschaffen, sondern die Partizipation an politischen Entscheidungen zu verändern.

Wirtschaftspolitisch drückte sich die neue Bedeutung des einzelnen Menschen im sich allmählich durchsetzenden Neoliberalismus aus. Dieser leitete seine Forderungen aus der Grundüberzeugung ab, dass der einzelne Mensch in seinen Entscheidungen nutzbringender sei als der Staat. Die Vordenker der um den Ökonomen Milton Friedman versammelten Chicagoer Schule geißelten den Wohlfahrtsstaat und die Inflation als die größten Feinde der Wirtschaft. Sie forderten den Primat der Ökonomie gegenüber dem Staat und vertrauten auf das Menschenbild des Homo oeconomicus, nach dem der Mensch auf der Basis seiner individuellen Präferenzordnung versucht, rational seinen Nutzen zu maximieren. Grundsätzlich lassen sich eine Reihe von Einzelforderungen herausstellen, die in unterschiedlichen Kontexten in unterschiedlicher Intensität eingefordert wurden, aber im Kern alle die staatlichen Aktivitäten einschränken sollten, um dem individuellen Menschen mehr Gestaltungsfreiraum zu eröffnen. Erstens wurde für die staatliche Wirtschaftsordnung eine Reduktion der Staatsquote, der staatlichen Tätigkeit sowie der staatlichen Fürsorge eingefordert. Daraus folgerten zweitens für den Staat die Aufgaben der Sicherung von Recht und Ordnung, der Definition, Garantie und Durchsetzung von Eigentumsrechten sowie der Aushandlung und Durchsetzung der Regeln des Wettbewerbs, v. a. eine Verhinderung von Monopolen. Drittens sollte der Handel von Beschränkungen befreit und freie Wechselkurse garantiert werden. Viertens sollten die Zentralbanken unabhängig bleiben und ihre Politik rein auf die Währungsstabilität fokussieren.

Ab den 1980er Jahren wurden die ordnungspolitischen Konzepte des Neoliberalismus weitgehend umgesetzt. Weltwirtschaftlicher Freihandel, die weitgehende Liberalisierung der nationalen Märkte, die Privatisierung staatlicher Unternehmen und die Entbürokratisierung wurden zu den zentralen Reformbegriffen seit den Amtsübernahmen von Margarete Thatcher in Großbritannien (1979) und Ronald Reagan (1981) in den USA.

1.3.4 Weichenstellungen in eine vernetzte Welt

Zu den sich wandelnden Grundlagen Europäischer Geschichte zählte letztlich auch der Einstieg in die durch Verkehrs- und Telekommunikationssysteme vernetzte Gesellschaft. Eine zentrale Weichenstellung stellte die Errichtung von Satellitensystemen in den 1970er Jahren dar.

Hatten bereits in den 1960er Jahren Einzelprojekte wie Telstar I, der 1962 als erster Satellit Fernsehübertragungen über den Atlantik realisierte, das Potential und die technischen Möglichkeiten aufgezeigt, so wurde dann in den 1970er Jahren mit der Errichtung komplexer Satellitensysteme begonnen. 1973 gründeten 80 Staaten die International Telecommunication Satellite Organisation (ITSO), um den globalen Nachrichtenverkehr zu organisieren. Weder technisch noch wirtschaftlich war es für die europäischen Staaten möglich eigene Systeme aufzubauen und so wurde die Vernetzung Europas mittels Satelliten zu einer gemeinsamen Anstrengung, die sowohl im Westen als auch im Osten Europas in Angriff genommen wurde.

Parallel dazu vollzog sich die Vernetzung von Computern mittels digitaler Telekommunikationstechnik. Bereits seit den 1960er Jahren wurden auf analoger Basis dezentrale Rechnernetze getestet, um größere Datenmengen zu speichern. Die Entwicklung der digitalen Technik, v. a. in den 1970er Jahren, ermöglichte es die Menge der zu übertragenden Daten durch (digitale) Datenkompression exponentiell zu steigern. Schritt die Verbesserung der Technik immer schneller voran, so beschlossen die europäischen Regierungen in den 1980er Jahren die Datennetze auf der Basis der bestehenden Telefonnetze zu errichten, womit der Grundsatz gefasst wurde, Vernetzung zu einem Massenphänomen in Wirtschaft und Gesellschaft zu machen. Dies ermöglichte auch eine neue Qualität der Dezentralisierung und Arbeitsteiligkeit, in deren Folge transnationale Unternehmen in größerem Umfang überhaupt erst entstehen konnten.

Die Staaten Europas wurden nicht nur vernetzter, sondern rückten durch die technische Entwicklung auch näher aneinander. Insbesondere der als Schlüsseltechnologie der Zukunft betrachtete Telekommunikationssektor zwang die Europäer, in der Technologiepolitik miteinander zu kooperieren. Sowohl die EG als auch die europäischen Regierungen untereinander entdeckten die Zusammenarbeit in der Forschung als notwendige Lösung, um den technischen Entwicklungsvorsprung der USA oder Japans aufzuholen. So entstanden bilaterale Forschungsprojekte, wie das deutsch-französische Satelliten-Programm Symphonie oder Technologieförderung der EG im Bereich von Datennetzen.

Einen ganz wesentlichen Beitrag zur Vernetzung leistete auch die Einführung und Ausbreitung des Containers als ein Transportmittel, das die einzelnen Verkehrsträger (Eisenbahn, Schiff, LKW) sehr effizient verband und so die Logistik revolutionierte. Der Einsatz von Containern veränderte Häfen und Verkehrssysteme und sorgte insgesamt dafür, dass Güter schneller und billiger transportiert werden konnten. Alles in allem vollzogen sich in Europa und der restlichen Welt eine Reihe von technologischen Entwicklungen, die die Wende hin zu einer massiven Vernetzung in den Bereichen Politik, Wirtschaft und Gesellschaft stellten.

1.4 Ende der geteilten Welt (1975/85–1992)

Galten die zuvor beschriebenen Wandlungen der Grundlagen Europäischer Geschichte primär – aber nicht ausschließlich – für die nichtsozialistischen Teile Europas, so gilt es nun zu klären, warum und wie sie gesamteuropäische Gültigkeit erlangten. Dabei gibt es viele Narrative, die das Ende des Kalten Kriegs beschreiben. Die einen betonen eher die lang- und mittelfristigen Zusammenhänge und Entwicklungen, während die anderen die besondere Bedeutung der kurzfristigen und situativen Anlässe in den 1980er Jahren hervorhoben. Hier sollen die einzelnen Erklärungszusammenhänge nicht gegeneinander abgewogen werden. Dennoch gilt es zu betonen, dass die wirtschaftliche Schwäche der sozialistischen Staaten eine entscheidende Größe gewesen ist, weil sowohl die gesellschaftliche Öffnung etwa durch Tourismus als auch die wirtschaftliche Öffnung des Ostblocks in weiten Teilen darauf abzielten, dringend benötigte Devisen zu beschaffen.

Langfristige Erklärungen setzen, sofern sie nicht mit generellen Konstruktionsfehlern des Sozialismus argumentieren, gerne bei gesellschaftlichen Erosionsprozessen an, die mit der KSZE zusammengebracht werden. Die KSZE schrieb nach dreijährigen Vorverhandlungen im August 1975 in ihrer Schlussakte eine Annäherung zwischen Ost und West nieder, über deren Umsetzung bis in die 1980er Jahre hinein auf Folgekonferenzen in Belgrad (1977–1978), Madrid (1980–1983) und Wien (1986–1989) diskutiert wurde. Inhaltlich hatten die Helsinki-Konsultationen sehr unterschiedliche Themenfelder behandelt, die in drei sogenannte ›Körbe‹ sortiert wurden: Fragen die Sicherheit betreffend (Korb I), die Zusammenarbeit in den Bereichen Wirtschaft, Wissenschaft, Technik und Umwelt (Korb II) sowie die Kooperation in humanitären und anderen Angelegenheiten (Korb III). Inhaltlich kann die KSZE-Schlussakte als ein Tauschgeschäft zwischen Ost und West gesehen werden. Auf der einen Seite erhielt der Osten die Anerkennung des territorialen Status quo und die Intensivierung der dringend benötigten wirtschaftlichen Zusammenarbeit. Auf der anderen Seite erhielt der Westen die Anerkennung der Menschenrechte, die Informations- und Reisefreiheit, Familienzusammenführungen und Kontakte auf individueller und gesellschaftlicher Ebene. Die Zeitgenossen werteten die KSZE als klaren Erfolg des Ostblocks. Insbesondere die westliche Öffentlichkeit äußerte starke Kritik und schätzte die Zusagen des Ostens im Korb III als unbedeutend ein. Die historische Forschung betont jedoch aus der Retrospektive die langfristige Wirkung. Die KSZE – so das Argument der Historiker – setzte gesellschaftliche Prozesse frei, die zu einer Destabilisierung des Sozialismus führten. Nicht zuletzt mussten sich die Staaten des Ostens fortan an ihren Zusagen nach innen und außen messen lassen. Der Korb III habe so massiv zu einer Transformation der kommunistischen Gesellschaften beigetragen, da der intensivere Informationsfluss zunächst zur Zerstörung von Feindbildern beigetragen und dann den Politikwechsel begünstigt habe. Der KSZE-Prozess stieß gesellschaftliche Kontakte innerhalb Europas an und bahnte so westlichen Lebensvorstellungen und materiellen Errungenschaften einen Weg in den Osten. Die wirtschaftlichen Schwierigkeiten der Ostblockstaaten unterstützten diese Wirkung, verschlechterte sich doch die eigene Konsum- und Versorgungssituation im Inneren dramatisch und auch die Auslandsschulden der Ostblockstaaten explodierten.

Andere Arbeiten betonen wiederum die mittelfristigen Zusammenhänge und verweisen auf die Auswirkungen der Politik von Glasnost und Perestroika, mittels derer der 1985 ins Amt gekommene KPdSU-

Generalsekretär, Michail Gorbatschow, versuchte den Sozialismus von innen heraus zu reformieren. Einerseits hoffte Gorbatschow eine öffentliche Debatte über den wirtschaftlichen Zustand der sozialistischen Staaten angestoßen werden, um breite Unterstützung für die unausweichlichen Wirtschaftsreformen zu erhalten. Andererseits sollten genau diese Wirtschaftsreformen durch Perestroika, d. h. einer ersten Ausrichtung der vielfältigen Staatsunternehmen an kapitalistischen Produktionsweisen, weitreichende Finanzautonomie und Dezentralisierung, erreicht werden. Flankiert wurde dieses Programm nach 1988 durch eine Stärkung demokratischer Prinzipien, wie etwa freie Wahlen, Gewaltenteilung und Rechtsstaatlichkeit. Die angestrebten Ziele ließen sich aber mittelfristig nicht erreichen. Im Gegenteil, die Wirtschaft schaffte den Transformationsprozess vorerst nicht, und es kam zu einer Verschärfung der ohnehin latenten Wirtschaftskrise und zu einer Verknappung von alltäglichen Gütern wie Lebensmitteln und Kleidung. Dies führte dazu, dass die freien Medien die wirtschaftliche Entwicklung kritisch begleiteten. Der Versuch des Umbaus der Sowjetunion von innen heraus, läutete so eine politische Umbruchphase ein, die binnen weniger Jahre die Öffnung und das Ende des Sozialismus mit sich brachte.

Ein besonderer Fokus liegt auf den kurzfristigen Entwicklungen und Ereignissen der ›Revolutionsjahre‹ 1989 bis 1991. Symbolträchtig zerschnitten am 27. Juni 1989 die Außenminister von Ungarn und Österreich, Gyula Horn und Alois Mock, den Grenzzaun und vollzogen eine Öffnung des Sozialismus nach außen. Sie schnitten in den ›Eisernen Vorhang‹ ein Loch, das sich gleichsam als Ventil für Menschen entpuppte und binnen kurzer Zeit zu einer umfassenden Fluchtbewegung aus der DDR in den Westen führte. Ausgehend vom Paneuropäischen Picknick – einer Friedensdemonstration an der ungarisch-österreichischen Grenze am 19. August 1989 – bei dem spontan für 600–700 DDR-Bürger die Grenze geöffnet wurde, setzte sich ein Menschenstrom in Bewegung, der spätestens mit der berühmten Ansprache Hans-Dietrich Genschers am 30. September 1989 vom Balkon der Prager Botschaft auch eine politische Legitimation erhielt.

Die deutsche Entwicklung war freilich nur ein Glied in einer Kette von Entwicklungen (Dominotheorie), die mit Öffnungen der politischen Systeme in der Sowjetunion, Polen und Ungarn begonnen hatte und von der DDR ausgehend weitere Revolutionen wie die ›Samtene Revolution‹ in der Tschechoslowakei beförderte. Mit Ausnahme des rumänischen Falles war ihnen allen gemein, dass es sich um friedliche oder ›verhandelte‹ Revolutionen handelte. Die jeweiligen Machthaber traten zumeist in Verhandlungsprozesse ein und vermieden so gewaltsame Auseinandersetzungen.

Als ein Schlüsseljahr für die weitere Entwicklung entpuppte sich das Jahr 1991. Hatten schon 1990 die drei baltischen Staaten Litauen, Lettland und Estland nach der offiziellen Anerkennung des Hitler-Stalin-Pakts durch die Sowjetunion, die die Unrechtmäßigkeit ihrer Annexion attestierte, ihre Unabhängigkeit eingeleitet, so brach 1991 spätestens nach dem Augustputsch in Moskau die Sowjetunion vollständig auseinander. Es formierten sich nicht weniger als 15 voneinander unabhängige Staaten auf dem Gebiet der ehemaligen Sowjetunion. Darüber hinaus lösten sich mit dem Warschauer Pakt und dem Rat für Gegenseitige Wirtschaftshilfe (RGW) die internationalen Verbünde der sozialistischen Staaten auf. Zwar blieben übergangsweise noch einige Jahre die Truppen der Roten Armee in den ehemaligen sozialistischen Staaten stationiert, um den Abzug in geregelten Bahnen vornehmen zu können. Nichtsdestotrotz wechselten die Staaten Osteuropas zum kapitalistisch-demokratischen System und gliederten sich in gesamteuropäische Transformationsprozesse ein.

1.5 Transformatives Europa: Entgrenzt, Verflochten, Mobil (1990er und 2000er Jahre)

Auf der Basis der gewandelten Grundlagen setzte in den 1990er Jahren ein eta eineinhalb Jahrzehnte dauernder Prozess der fundamentalen Transformation Gesamteuropas ein, dessen Ergebnis mit den Stichworten ›entgrenzt, verflochten, mobil‹ umschrieben werden kann.

1.5.1 Entgrenzt, Verflochten und Mobil nach Außen

Die neoliberale Ordnung der Welt und Europas, die durch den Abbau von Handelshemmnissen die Entgrenzung, Verflechtung und Mobilität massiv forcierte, schritt nach 1990 in ungebremstem Tempo voran. Eine Schlüsselrolle in diesem Prozess spielte der Washington Consensus, der 1989 eigentlich als ökonomische Stabilisierungsstrategie von der Weltbank, dem Internationalen Währungsfonds (IWF) und dem US-Finanzministerium für die Staaten Lateinamerikas konzipiert worden war, konkret aber auch in den postsozialistischen Staaten Anwendung fand. Im Zentrum standen Privatisierung, Liberalisierung und Deregulierung, womit eine konsequente Ausbreitung neoliberaler Wirtschaftspolitik über Gesamteuropa und weite Teile der Welt einherging. Im Grundsatz spiegelte sich der Washington Consensus auch in den Integrationsstrategien der Europäischen Union (EU) für die ehemals sozialistischen Staaten Osteuropa wider, die etwa in den Kopenhagener Beitrittskriterien im Juni 1993 verankert wurden. Gefördert wurde dieser Prozess auch durch neue Typen globaler Abkommen, die auf die Folgen der liberalisierten Weltwirtschaft ebenso reagieren, wie auf wirtschaftliche und technische Strukturwandlungsprozesse in den westeuropäischen Staaten. So dehnte das General Agreement on Trade in Services (GATS) die liberale Welthandelsordnung des GATT auf den Handel mit Dienstleistungen aus. Im Abkommen über Trade Related Aspects of International Property Rights (TRIPS) wurde die Sicherung des Urheberrechts auf der internationalen Ebene angegangen, weil im Zuge der Handelsliberalisierung die Nachahmungen von (europäischen) Markenprodukten drastisch zugenommen hatte. Die Gründung der Welthandelsorganisation (WTO) im Jahr 1998 setzte den multilateralen Wirtschaftsabkommen erstmals ein gemeinsames institutionelles Dach auf, von dem ausgehend der Abbau von Handelshemmnissen und die Liberalisierung der Weltmärkte vorangetrieben wurde. Für Europa ist die WTO insofern bemerkenswert, als die EU dort eigenständiges Mitglied wurde und sie bei einer Mehrheitsentscheidung das Stimmrecht ihrer Mitglieder ausüben durfte, womit sie ein enormes Gewicht in globalen Wirtschaftsfragen erlangte. Überhaupt traten die Europäer in internationalen Verhandlungen immer öfter kollektiv als EU-Block oder in anderer organisierter Form auf.

Es gehört zu den Paradoxien der neoliberalen Weltordnung, dass insbesondere die Entwicklungsstaaten teilweise ausgegrenzt wurden. Nicht nur die Zollaußenmauern der EU hielten in Bereichen wie dem Agrarsektor weite Teile der Welt vom innereuropäischen Markt fern, sondern auch die G7/8 oder G20, die in den 1970/80er Jahren auf europäische Initiative hin entstanden waren, haben sich seit den 1990er Jahren immer stärker zu einer Exklusivveranstaltung der reichen Industrienationen und ihrer Interessenorganisationen entwickelt. Damit sind sie allmählich zur Zielscheibe vielfältiger Kritiker wie der 2009 gegründeten Attac-Bewegung geworden. Abkommen wie das TRIPS stehen wegen ihrer exkludierenden Wirkung stark in der Kritik, weil sie zum einen Entwicklungsstaaten daran hindern, mittels billiger Produktnachahmungen Entwicklungsrückstande aufzuholen und zum anderen eine Wissensdiffusion unterbinden.

Neben der Wirtschaft sorgten auch globale Umweltprobleme für eine stärkere Entgrenzung und Verflechtung Europas nach außen. Stichworte und Katalysatoren dieser Entwicklung waren die Entdeckung des Ozonlochs (1986) und die öffentliche Aufmerksamkeit für den Klimawandel. Die Entdeckung des Ozonlochs besaß anders als andere Umweltprobleme zuvor wie der saure Regen oder das Waldsterben eine neue Qualität, weil ein globales Problem auftrat, welches nur durch ein effektives globales Regulierungsregime gelöst werden konnte. Nur zwei Jahre später (1988) wurde Nordamerika von einer Hitze- und Dürrewelle heimgesucht, die dazu führte, dass sich die US-Regierung des Problems annahm und auf eine Institutionalisierung von Klimapolitik im internationalen Maßstab drängte. Ein erstes Ergebnis war die Gründung eines zwischenstaatlichen Ausschusses für Klimaänderung, der vom Umweltprogramm der Vereinten Nationen und von der Weltorganisation für Meteorologie eingesetzt wurde und bis heute Sachstandsberichte vorlegt, die Prognosen der wissenschaftlichen Forschung rund um den Klimawandel beinhalten.

Die europäischen Staaten und dabei insbesondere die Nordeuropäer um Schweden und Dänemark trieben die Bearbeitung von Umweltproblemen voran. Bereits 1992 verabschiedete der Weltklimagipfel von Rio de Janeiro eine erste UN-Rahmenkonvention. Wenngleich darin keine verbindlichen Regelungen getroffen wurden, so wurden dennoch Mechanismen festgelegt, um über ein Regulierungsregime zu verhandeln. Mit dem Kyoto-Protokoll von 1997 wurde dann ein erstes völkerrechtlich verbindliches Abkommen geschlossen, das mit dem Emissionshandel ein erstes (freiwilliges) Instrument zur Regulierung einführte. Tatsächlich verbindliche Regeln, an denen sich alle Industriestaaten zu beteiligen beabsichtigten, kamen mit dem Übereinkommen von Paris im Jahr 2015 zustande.

Mit der öffentlichen Aufmerksamkeit für den Klimawandel rückten auch andere globale Umweltprobleme in den Fokus der Regulierung. So wurden Schutzgebiete für Fischfang etabliert, um die Meeresbestände zu sichern, und Verbote wie das Walfangmoratorium von 1986 ausgesprochen. 1992 wurde auf der Konferenz von Rio de Janeiro auch eine Bio-Diversitäts-Konvention verabschiedet. Europa stellte nicht zuletzt deshalb einen wesentlichen Motor der umweltpolitischen Entwicklungen dar, weil es aufgrund seiner hohen Emissionswerte seit Beginn der Industrialisierung eine besondere historische Verantwortung trägt.

Die Verdichtung des internationalen Rechts aufgrund der Zunahme internationaler Abkommen ließ Europa immer stärker zu einem zentralen Teil eines globalen Rechtsraums werden. Besondere Bedeutung fiel den Menschenrechten als Schlüsselkonzept der internationalen Politik und der Durchsetzung von Kriegsrecht zu. In den 1990er Jahren wurde das Konzept vom UN-Sicherheitsrat aufgegriffen und per Beschluss spezifische Strafgerichtshöfe für Jugoslawien und Ruanda errichtet. 1998 folgte schließlich die Errichtung des Internationalen Strafgerichtshofs, die besonders durch europäische Staaten vorangetrieben wurde. Im sensiblen Bereich der Strafgerichtsbarkeit unterwarfen sich die Staaten Europas folglich dem internationalen Richterspruch in vier Bereichen: Völkermord, Verbrechen gegen die Menschlichkeit, Kriegsverbrechen und dem Verbrechen der Aggression. Allerdings unterzeichneten oder ratifizierten viele Staaten das Abkommen über die Errichtung des Strafgerichtshofs nicht und akzeptierten damit auch dessen Urteile nicht, u. a. die USA, China, Indien, Nordkorea oder die Türkei. Auch in diesem Bereich war es also gerade Europa, das globale Regelungen vorantrieb.

Entgrenzung und Verflechtung nach außen waren keine Phänomene, die sich nur im Rahmen von oder moderiert durch internationale Organisationen vollzogen. So sorgte der dramatische Kostenverfall der Fernreisen mit Flugzeug dafür, dass Europäer verstärkt ihren Urlaub außerhalb Europas verbringen konnten. Der 1991 gegründete Billigflieger ›Ryanair‹ steht hier symbolisch für eine weit umfangreichere Entwicklung. Breitere Bevölkerungskreise konnten nun ihren Urlaub in Thailand, Indien oder den USA verbringen, wobei der prozentuale Anteil der außereuropäischen Reisen trotz enormer Steigerungsraten noch im Jahr 2014 unter 10 % lag. Auch innerhalb Europas nahmen Kurzurlaube und Wochenendtrips markant zu, u. a. weil die innereuropäischen Flüge mitunter zum Preis eines durchschnittlichen Stundenlohns angeboten wurden. In den 1990er und 2000er Jahren verbreiteten sich gleichzeitig Techniken, wie das Mobiltelefon, der Container, die Satellitennavigation oder das Internet, welche die neue Mobilität in anderen Bereichen voranbrachten. Solche Techniken der Mobilität stehen hinter multinationalen Unternehmen, welche globale Wertschöpfungsketten gestalten, die oftmals durch europäische Akteure organisiert werden, sie transformieren gesellschaftliche Partizipation und Kommunikation und sie führen letztlich zu einer Veränderung zwischenmenschlicher Kommunikations- und Interaktionsroutinen.

1.5.2 Entgrenzt, Verflochten und Mobil nach Innen

Wesentlich intensiver und facettenreicher gestalteten sich die Entgrenzung, Verflechtung und Mobilität im Inneren Europas, v. a. im Rahmen der EU. Zum einen erweiterte sich die Europäischen Union in zwei Schritten, zunächst um die neutralen Staaten Finnland, Österreich und Schweden sowie danach um die mehrheitlich ehemals sozialistischen Staaten Estland, Lettland, Litauen, Polen, Tschechien, Slowakei, Ungarn, Slowenien, Malta, Zypern, Bulgarien und Rumänien (2013 folgte noch Kroatien), so dass die EU seit 2007 ein nahezu pan-Europäisches Gebilde mit 27 Mitgliedsstaaten und 510 Millionen Einwohnern wurde. Zum anderen vertiefte die EU ihre Zusammenarbeit durch eine Reihe von Vertragsrevisionen wie in Maastricht (1992),

Amsterdam (1997), Nizza (2001) und Lissabon (2007), die immer neue Politikbereiche in die Verantwortung der EU legten. EU-Europa wurde so zu einem komplexen System des Regierens, in dem Staatlichkeit über mehrere Ebenen verteilt wurde.

Dementsprechend wurde insbesondere die EU zu einem supranationalen Rechtsraum von einmaligem Ausmaß und Qualität. So baute die EU einen gemeinsamen Rechtsbestand – den acquis communitaire – auf, der das Rechtswesen ihrer Mitgliedstaaten umfassend vereinheitlichte. Über europäisches Recht wacht eine sich seit den 1990er Jahren ausdifferenzierende mehrstufige Rechtsprechung rund um den Europäischen Gerichtshof (EuGH), dessen Urteile nicht nur über der jeweils nationalen Rechtssprechung stehen, sondern der auch von jedem Bürger angerufen werden kann.

Die EU hat sich dabei weit über die Grenzen einer Wirtschaftsgemeinschaft hinaus entwickelt und neben den hier angesprochenen Aspekten auch Bereiche wie die Kultur für sich entdeckt. Die kulturelle Einheit sollte durch Symbole wie die Kulturhauptstädte Europas demonstriert werden oder durch gemeinsame Förderprogramme wie die EU-Filmförderung vorangebracht werden, um so nach innen verflechtende Impulse zu setzen. Sichtbarste Zeichen der Entgrenzung und Verflechtung im Rahmen der EU waren der Wegfall der Grenzkontrollen im Zuge der Umsetzung des Schengener Abkommens (1992) und die Einführung des Euro (2002).

Die EU stand aber auch als Motor hinter einer Vielzahl von Migrationen bzw. Mobilitäten innerhalb Europas, die seit den 1990er Jahren erheblich zugenommen haben. Die vier Freiheiten des EU-Binnenmarkts (für Personen, Kapital, Dienstleistungen und Waren) haben an sich schon Grundlagen geschaffen, hinzu kamen gezielte Mobilitätsprogramme wie Erasmus für Studierende oder Programme der EU-Forschungsförderung, die vielfach nur kooperativ mit Mitgliedern aus mindestens drei EU-Staaten durchgeführt werden durfen und so die Wissenschaftsmobilität beträchtlich weiterentwickelt haben. Nachdem im Jahr 1987 noch 3 244 Studierende durch Erasmus einen Auslandsaufenthalt absolvierten, waren dies im Jahr 2013 immerhin 270 000.

Entgrenzung und Verflechtung vollzog sich in Europa aber nicht bloß innerhalb der EU bzw. wurde von deren Organen moderiert. Europäische Interaktionsräume entstanden auch jenseits der EU etwa in Form Europäischer Sportligen wie der Champions League im Fußball oder im Handball. Insbesondere beim Fußball ist die Champions League zu einer komplexen gesamteuropäischen Liga mit hohen Einnahmemöglichkeiten und Prestige aufgestiegen. 1992/93 war sie aus dem Europapokal der Landesmeister hervorgegangen und dann in mehreren Schritten erweitert worden, so dass von den großen Mitgliedsverbänden neben den Vizemeistern seit der Saison 2002/03 bis zu vier Mannschaften teilnehmen können. Die Champions League konnte sich zunehmend nicht nur ökonomisch, sondern auch vom Prestige her mit nationalen Meisterschaften messen.

Entgrenzung und Verflechtung war weder in seiner inhaltlichen Entwicklung noch in seiner geographischen Ausbreitung von West nach Ost ein eindimensionaler Prozess. So vollzog sich in den ehemals sozialistischen Staaten ein Prozess paralleler Eingrenzung und Entgrenzung nationaler Art, bei dem ein nachholender Nationalismus mit einer gleichzeitigen Öffnung des Staatswesens Hand in Hand gingen. Dies führte auch dazu, dass die Regierungen und Bürger in Osteuropa die Beitrittskriterien der EU in der zweiten Hälfte der 1990er Jahre zunehmend als Demütigung empfanden und insofern Modifikationen einforderten. So sperrte sich Polen 1998 gegen eine zu radikale Privatisierung der Kohle- und Stahlindustrie. Die konfliktreiche Aufspaltung Jugoslawiens, die in einer Reihe von zuvor seit dem Zweiten Weltkrieg in Europa nicht vorstellbaren Kriegen mündete, lässt sich ebenfalls unter nationalen Eingrenzungen subsumieren und war Ausdruck nachholender Nationalismen, die im Sozialismus überlagert waren.

Dass Verflechtungsprobleme sich auch von Ost nach West ausbreiteten bzw. sich dort auswirkten, lässt sich am Phänomen der Kotransformation der ›westlichen‹ Staaten entlang des ehemaligen Eisernen Vorhangs erkennen. Nicht nur richteten sich Handelsströme neu aus und mussten Grenzprobleme völlig neuer Art bewältigt werden, sondern es fand bemerkenswerterweise auch ein fundamentaler Umbau der sozialen Sicherungssysteme – v. a. etwa die (Teil-) Privatisierung im Rentensystem – insbesondere in den an den Eisernen Vorhang angrenzenden Staaten statt, etwa in Finnland, Schweden, Österreich und Deutschland. Am deutlichsten wirkte sich die Kotransformation in der

Bundesrepublik aus, musste in ihrem Falle doch Systemtransformation (DDR) und Kontransformation (BRD) im gemeinsamen Staatsgebilde der wiedervereinigten Bundesrepublik vollzogen werden.

Wie nach außen so waren Entgrenzung und Verflechtung nach innen Prozesse, die sich auch gesellschaftlich vollzogen, u. a. durch die gestiegene Mobilität von Menschen. Nicht nur die Airlines stiegen in einen hart geführten Preiskampf ein, gründeten Tochtergesellschaften und beförderten immer mehr Menschen quer durch Europa. Auch die Eisenbahnen mussten sich der Konkurrenz stellen und weiteten ihre Schnellverbindungen und Sparangebote aus. Alles in allem sanken die Kosten für Mobilität enorm und damit erweiterten sich die Erfahrungsräume des normalen Bürgers. Mobilität und mobile Erreichbarkeit, die durch die Ausbreitung von Mobiltelefonen und Smartphones praktisch alle gesellschaftlichen Schichten erfasste, wurde seit der Jahrtausendwende zum Lebensgefühl des Europäischen Bürgers.

1.6 Aktuelle Herausforderungen

Für den Historiker ist es kaum möglich, die jüngsten Entwicklungen seit Mitte der 2000er Jahre adäquat in mittel- und langfristige Zusammenhänge einzuordnen oder gar Zäsuren zu markieren. Nichtsdestotrotz soll hier der spekulative Versuch unternommen werden, potentielle Bruchstellen und Entwicklungen anzudeuten.

Wirtschaftlich scheint die Finanz- und Bankenkrise der Jahre 2008/09 eine Zäsur in der europäischen Entwicklung zu markieren. Zum einen scheinen der Neoliberalismus und die Überzeugung der unabdingbaren Verquickung von Marktwirtschaft und Demokratie, welche die Transformation Europas in den 1990er Jahren geprägt haben, an Zugkraft und Dominanz verloren zu haben. Wenngleich den Krisenländern in Südeuropa weiterhin ein neoliberal anmutendes Sparprogramm oktroyiert wird, legen sogar die Geldgeber selber keynesianistisch anmutende Investitionsprogramme auf. Ob damit eine Rückkehr des Staats zu Lasten des neoliberalen Vertrauens in den Menschen und den Markt einhergeht, bleibt abzuwarten. Angesichts der wirtschaftstheoretischen Alternativlosigkeit in den politischen Schaltzentralen Europas, kann der Einsatz keynesianistisch anmutender Investitionsprogramme auch nur eine temporäre Modifikation an einem wirtschaftspolitischen Dogma sein, das ohnehin keinen kohärenten theoretischen Bauplan besitzt. Zum anderen hat sich das wirtschaftliche Gefälle in Europa seitdem zunehmend von West-Ost auf Nord-Süd gedreht. Konnten sich die ehemals sozialistischen Staaten schnell von der Krise erholen, so hat diese in den südeuropäischen EU-Mitgliedern strukturelle Defizite aufgedeckt, die einer schnellen Erholung im Wege stehen. Nicht nur Griechenland, Portugal und Spanien verzeichnen einen dramatischen Rückgang der Wirtschaftsleistung, auch in Italien nimmt in dieser Hinsicht der relative Abstand zu den nördlichen EU-Staaten kontinuierlich zu.

Politisch sieht sich die Europäische Union seit den negativen Verfassungsreferenden Mitte der 2000er Jahre mit einer Legitimationskrise konfrontiert, die mit dem Antrag Großbritanniens auf Austritt einen neuen Höhepunkt erreicht hat. Inwiefern dies ein Indikator für eine nachhaltig abnehmende Entgrenzung und Verflechtung darstellt, bleibt abzuwarten. Die Flüchtlingswellen aus den Krisenländern des Nahen Ostens oder auch die Maßnahmen der Terrorbekämpfung (Aussetzung des Schengener Abkommens) könnten jedenfalls darauf hindeuten. Europäische koordinierte Politik und nationale Insellösungen werden immer intensiver als ein Gegensatz empfunden, den es neu zu justieren gilt.

Die massenhafte Ausbreitung digitaler Technologien seit Mitte der 2000er Jahre resultiert in fundamentalen Veränderungen in Politik, Wirtschaft und Gesellschaft. Die Ausbreitung des Internets oder der elektronischen Kommunikation in private Haushalte wie in öffentliche Zusammenhänge oder die Digitalisierung ganzer Produktionsprozesse wird nicht selten als ›digitale Revolution‹ bezeichnet und auf eine Stufe mit den durch die Industrialisierung ausgelösten Transformationen im 19. Jahrhundert gestellt. Die stärkere Verzahnung der industriellen Produktion mit neuen Kommunikations- und Informationsmedien findet im Schlagwort der Industrie 4.0 ihren Ausdruck und wird so explizit auf eine Stufe mit früheren qualitativen Veränderungen der industriellen Produktion gestellt. Die Liste der gehandelten Konzepte ließe sich beliebig verlängern. Ob der Digitalisierung aber tatsächlich die historische Qualität einer Zäsur vergleichbar der Industrialisierung zufällt, bleibt gleichfalls abzuwarten.

Mit dem 11. September 2001 und dem Anschlag auf das World Trade Center in New York begann ein globaler bewaffneter Konflikt mit terroristischen Vereinigungen, der auch von europäischen Staaten auf verschiedenen Schauplätzen in der Welt geführt wird und durch sich wiederholende terroristische Anschläge in Madrid (2003), London (2005), Paris (2015) oder Berlin (2016) enorme Rückwirkungen auf Europa hat, die in ihrem Ausmaß und in ihrer Bedeutung für das menschliche Zusammenleben noch nicht absehbar sind. Europäische Staaten und die EU reagieren vorerst mit neuen Sicherheitskonzepten, welche die Freiheiten der Bürger erheblich einschränken und insbesondere die neuen Techniken der Kommunikation in den Fokus der Überwachung rücken.

Ob sich die Grundlagen Europäischer Geschichte auf der Basis dieser vier Bruchstellen und Entwicklungen mittlerweile wieder wandeln, ist eine Frage, die kritisch diskutiert, aber noch nicht abschließend beantwortet werden kann.

2 Staat

2.1 Vorbemerkungen

Der Zeitraum seit den 1970er Jahren kann als eine Phase des fundamentalen Wandels europäischer Staatlichkeit betrachtet werden. Seit den 1970er Jahren verlor das für die globalen bzw. internationalen Beziehungen konstitutive Strukturprinzip des souveränen Nationalstaats europäischer Prägung zunehmend an Bedeutung. Zuvor waren die drei Kernkompetenzen der Herrschaftsausübung (Entscheidungskompetenz, Organisationskompetenz, Souveränität) seit dem 15. Jahrhundert mehr und mehr in der Hand des Staats konzentriert worden. Das europäische Modell des nationalen Territorialstaats war im Laufe des 19. und 20. Jahrhunderts zum Leitbild der internationalen Beziehungen aufgestiegen und die Welt in ›Nationalstaaten‹ gegliedert worden. Sogar die ehemaligen Kolonien formierten sich nach Erringung ihrer Unabhängigkeit zunächst nach dem Modell des Nationalstaats. Michael Zürn bezeichnete die 1950er und 1960er Jahre gar als das »goldene Zeitalter« des europäischen Staats (Zürn 1998). Der Wandel von Staatlichkeit ist freilich kein neues Phänomen, das erst in den 1970er Jahren aufgekommen ist. Vielmehr muss er ebenso als eine Konstante der europäischen Geschichte angesehen werden, wie die (globale) Koexistenz unterschiedlicher sozialer Ordnungssysteme – Nationalstaaten, Stämme, Klientelsysteme oder Vielvölkerstaaten. Allerdings kehrte sich der Trend zur Herrschaftskonzentration in den Händen des (National-)Staats seit den 1970er Jahren um. Gleichzeitig fällt in diese Phase europäischer Geschichte das Ende der Koexistenz zweier Ordnungs- und Gesellschaftssysteme. Mit Blick auf den engeren zeithistorischen Kontext des 20. Jahrhunderts stellt das Ende des real existierenden Sozialismus in Osteuropa in den Jahren von 1989 bis 1992 eine fundamentale Zäsur in der Entwicklung von Staatlichkeit in Europa dar.

Europäische Staatlichkeit wandelte sich seit den 1970er Jahren zum einen im globalen Umfeld, zum anderen auch innerhalb Europas. Beide Aspekte sollen hier angesprochen werden, wobei der Schwerpunkt auf die Darstellung des Wandels von Staatlichkeit innerhalb Europas gelegt wird. Dieser wird in diesem Kapitel als ein Prozess der fundamentalen Homogenisierung und Transformation europäischer Staatlichkeit auf allen Ebenen des Regierens in Europa (Europa, Nationalstaat, Region) betrachtet. Erstens fand eine starke Ausweitung und Intensivierung auf der Ebene Europas, d. h. der Europäischen Gemeinschaft/Europäischen Union, statt, die seit dem Beitritt von Dänemark, Großbritannien und Irland im Jahr 1973 immer größere Gebiete Europas umfassten. Zweitens harmonisierte sich der Nationalstaat durch neoliberale Staatsreformen und die sukzessive Durchsetzung des Staatsmodells der parlamentarischen Demokratie in zwei Entwicklungsschüben: zunächst in den 1970er Jahren in Südeuropa, dann in den frühen 1990er Jahren in Osteuropa. Drittens durchliefen nahezu alle Staaten Europas – wenngleich in unterschiedlichem Maße – einen Prozess der binnenstaatlichen Regionalisierung bzw. Föderalisierung, der durch die Regionalpolitik der Europäischen Union zusätzlich gestärkt wurde.

Mitte der 2000er Jahre waren – zumindest die Mitgliedsstaaten der Europäischen Union (EU) – in ein komplexes Mehrebenenmodell des Regierens eingebunden, in dem der traditionelle europäische Nationalstaat viele Bereiche seiner Souveränität aufgegeben hatte. Staatlichkeit ist seitdem über diese drei Ebenen (Europäische Union, Nationalstaat, Region) verteilt, wenngleich der Nationalstaat nach wie vor die bedeutsamste Ebene ausmacht.

2.2 Europäische Staaten im globalen Umfeld

Im Zeitalter der Globalisierung kann der Wandel der Staatlichkeit in Europa nicht von den Entwicklungen im globalen Umfeld getrennt werden. Die Handlungsbedingungen, Handlungsschwerpunkte und Handlungsspielräume des europäischen Nationalstaats veränderten sich seit den 1970er Jahren auch, weil unter dem Dach der Vereinten Nationen vielfältige internationale Abkommen und Regulierungsregime wie beispielsweise das GATT-Abkommen oder Übereinkommen zum Schutz und der Nutzung der Weltmeere beschlossen und umgesetzt werden konnten. Bei globalen Gemeinschaftsgütern wie den Weltmeeren, dem Spektrum von Funkfrequenzen, der Nutzung des Weltraums oder anderen zwischenstaatlichen Abhängigkeitsverhältnissen unterliegt die nationalstaatliche Legislative immer öfter internationalen Vorgaben. Immer weniger war das internationale System dabei am Modell kooperierender Nationalstaaten ausgerichtet, was sich auch darin zeigt, dass internationale Organisationen – egal ob Regierungs- oder Nichtregierungsorganisationen – immer mehr Dinge bearbeiteten. Zwar hat die Zahl internationaler zwischenstaatlicher Organisationen in den 1980er und 1990er Jahre insgesamt abgenommen, u. a. weil parallele Organisationen des Kalten Kriegs, wie die Nordatlantische Verteidigungsgemeinschaft (NATO) und der Warschauer Pakt, vielfach abgeschafft wurden. Gleichzeitig haben sich aber die Aufgabenbereiche der bestehenden Organisationen erheblich erweitert, und es hat sich die Regulierungsdichte deutlich erhöht, was sich direkt auf staatliche Handlungsmöglichkeiten auswirkte. Selbst internationale Vergleichsstudien wie das von der Organisation für wirtschaftliche Zusammenarbeit und Entwicklung (OECD) in den 1990er Jahren entwickelte Programm zur internationalen Schülerbewertung (PISA), dass eigentlich nur einen indikativen Charakter besitzt, wirkt sich massiv auf die staatliche Tätigkeit im Bildungssektor aus.

Internationale Organisationen haben unterschiedliche Rechtsformen. Sie können entweder durch Regierungen als ›Intergovernmental Organisations‹ (IGO) oder als Nichtregierungsorganisationen ›Nongovernmental Organisations‹ (NGO) von internationalen Interessengruppen, Verbänden oder Unternehmen gegründet worden sein.

Infobox 1: Formen internationaler Organisationen

Der Wirkungsbereich nationalstaatlicher Politik und die Reichweite wirtschaftlicher und gesellschaftlicher Handlungszusammenhänge klafften seit den 1970er Jahren im globalen Umfeld nicht nur wegen freiwillig eingegangener Abkommen auseinander, sondern auch weil der Nationalstaat sich immer öfter mit neuen mächtigen Akteuren, wie Nicht-Regierungs-Organisationen oder multi- und transnationale Unternehmen, konfrontiert sieht, die geschickt weltweit operieren, um sich die jeweiligen Vorteile der unterschiedlichen Staaten zunutze zu machen. So hat die sukzessive Deregulierung internationaler Finanzmärkte seit Mitte der 1980er Jahre dazu geführt, dass die Nationalstaaten Europas mit niedrigen Steuern und Sozialleistungen reagierten und sich so die eigenen Handlungsspielräume begrenzten. Wenn dabei von veränderter Partizipation und relativer Macht der Akteure am politischen Prozess gesprochen wird, so hat dies eine nationale wie auch internationale Dimension, die nicht immer voneinander klar zu trennen sind. Als ein Paradebeispiel können nationale Ratingagenturen angesehen werden, die sich auf den seit den 1970er Jahren zunehmend deregulierten Finanzmärkten immer stärker grenzüberschreitend auswirken. Insbesondere die Finanzkrise der Jahre 2007/08 hat deutlich gezeigt, dass Fehlbewertungen im Vorfeld der Krise wie auch die Herabstufung der europäischen Krisenstaaten Griechenland, Irland, Portugal oder Spanien während der Krise den Handlungsspielraum nationalstaatlicher Regierungen sowie internationaler Organisationen massiv beeinflussten.

Ratingagenturen sind eine Tradition der US-Wirtschaft, deren Wurzeln in der Bewertung von US-Eisenbahngesellschaften für potentielle Anleger im 19. Jahrhundert liegen. Im März 1918 ging dann die privatwirtschaftliche Ratingagentur Moody's erstmals dazu über, Staatsanleihen zu bewerten, woraus die Bewertung der Kreditwürdigkeit von Staaten abgeleitet wurde. Nachdem in den 1960er Jahren aufgrund des Wirtschaftswachstum das Rating staatlicher Emissionen ausgesetzt wurde, setze im Jahr 1975 eine expansive Entwicklung des Agenturwesens ein. US-Agenturen wie Standard & Poor's, Moody's oder Fitch Rating waren die Vorreiter einer immer umfassenderen Bewertung der Kreditwürdigkeit (internationaler) Marktteilnehmer, der sich der Rest der Welt auf den immer offeneren Märkten stellen musste. In Europa wurden Ratingagenturen sukzessiv einer intensiven Regulierung und Lizensierung seitens der Europäischen Union unterworfen, nachdem sich gezeigt hatte, dass Ratingagenturen sich enorm auf staatliche Handlungsspielräume auswirkten.

Info 2: Ratingagenturen

Die Entwicklung des Nationalstaats ist im globalisierten Umfeld von starken Ambivalenzen geprägt. Einerseits erfolgte seit den 1970er Jahren eine spürbare Aushöhlung nationalstaatlicher Kompetenz und Regelungskapazitäten durch zwischenstaatliche Abkommen oder durch regionale Gemeinschaften wie der Europäischen Union. Andererseits weitete sich das Nationalstaatsprinzip parallel dazu in weiten Teilen der Welt aus. So zerfiel v.a. das sozialistische Staatengebiet in viele einzelne Nationalstaaten. Zumindest formell und nominell erfuhr der Nationalstaat auf den ersten Blick also eine markante Stärkung, weil eben die internationale Anerkennung staatlicher Souveränität nach den Statuten der Vereinten Nationen vom Modell des Nationalstaats abhängig war. Für Europa formulierte Alan Milward gar die These der »Europäischen Rettung des Nationalstaats«, nach der angesichts der Veränderung des globalen Umfelds der europäische Nationalstaat nur noch im Verbund der Europäischen Zusammenarbeit überhaupt überlebensfähig sei (Milward 1992).

Das von Europa beeinflusste Modell von Staatlichkeit wandelte sich seit den 1970er Jahren nicht nur in Europa selber, sondern ebenfalls weltweit, v. a. weil ehemalige Kolonien nach ihrer Unabhängigkeit von den europäischen Mutterländern eigene Entwicklungspfade beschritten. Seit den 1970er Jahren unterscheiden sich deshalb global betrachtet die Modelle von Staatlichkeit immer deutlicher voneinander, womit auch das Ende der Illusion einer universellen Gültigkeit des europäischen Modells des Nationalstaats einherging. In Asien knüpften die seit dem zweiten Weltkrieg dekolonialisierten Staaten oftmals an vorkoloniale Reiche und Strukturen an, so dass sich vielfach in unterschiedlichen Ausprägungen recht schnell feste Staatsstrukturen etablieren konnten. Insbesondere die britischen Kolonien waren schon im 19. Jahrhundert nach dem Prinzip der ›indirect rule‹ verwaltet worden, d. h. Machtausübung wurde vermittelt über örtliche Herrschaftsstrukturen, so dass Einheimische traditionell in die Verwaltung und Staatsstrukturen integriert waren. Ganz ähnlich war die einheimische Bevölkerung auch im 20. Jahrhundert in den russisch-sowjetischen Kolonien wie Kasachstan, Kirgisistan, Usbekistan, Turkmenistan und Tadschikistan in die Staatsstrukturen eingebunden gewesen. Die Folge war eine hohe Akzeptanz der Verwaltung durch die einheimische Bevölkerung nach dem Ende der Kolonialzeit, auf deren Basis eigene Varianten der Staatlichkeit gedeihen konnten, wobei in den ehemaligen Sowjetrepubliken die bestehenden administrativen Strukturen zu einem Großteil erhalten blieben. Allerdings entstanden in den festen Staatsstrukturen nach der Unabhängigkeit deshalb auch eine Reihe diktatorischer oder semidiktatorischer Staaten wie in den 1970er Jahren in Birma/Myanmar oder in den 1990er Jahren in Tadschikistan. Demgegenüber konnte in Afrika, v. a. südlich der Sahara, kaum bis gar nicht an vorkoloniale Reiche oder Traditionen angeknüpft werden, weshalb die Entwicklung von Staatlichkeit sich in diesen Regionen als besonders schwierig erwies. Äußere Souveränität und innere Instabilität des Staates gingen oft Hand in Hand. So entstanden im Zuge der Dekolonisation Afrikas zwar viele Nationalstaaten mit international anerkannter Souveränität, allerdings fehlte ihnen sowohl nach innen das staatliche Fundament in Form akzeptierter Verwaltungsstrukturen als auch ein klares Nationskonzept als legitimatorische Basis. Insbesondere in ehemaligen belgischen und französischen Kolonien wie dem Kongo, Gambia oder Senegal fehlte die Erfahrung der einheimischen Bevölkerung im Umgang mit eigener Staatlichkeit, da sie aufgrund des kolonialen Verwaltungsprinzips der ›indirect rule‹ nicht am Herrschaftssystem beteiligt worden waren. Da die Kolonialherren an einem Prozess des eigenständigen ›nation building‹ kein Interesse gehabt hatten, war oftmals nicht einmal eine eigene Nationalsprache vorhanden, so dass die ehemaligen Kolonialsprachen auch nach der Unabhängigkeit als Amtssprache verwendet werden mussten. Zwar entstanden in vielen afrikanischen Staaten zunächst Vielparteien-Systeme. Die einzelnen Parteien waren aber primär ethnisch-regional verankert und weniger inhaltlich, so dass von ihnen langfristig keine nach innen stabilisierende Wirkung ausging.

Noch im frühen 21. Jahrhundert müssen weite Bereiche Afrikas, Lateinamerikas und Asiens auch aufgrund der langfristigen Folgen europäisch-kolonialer Einflüsse als Räume mit begrenzter Staatlichkeit betrachtet werden. Sofern Gewaltmonopole überhaupt aufgebaut worden waren, erodierten sie in den 1970er und 1980er Jahren schnell. Vielfach lagen informelle Herrschaftsstrukturen vor, und es fehlten exekutive Strukturen. Schätzungen gingen im Jahr 2015 davon aus, dass bis zu 65 % des globalen Territoriums als derartige Räume begrenzter Staatlichkeit anzusehen waren. Der Idealtypus des europäischen Nationalstaats bildet zwar die Legitimationsbasis der äußeren Souveränität im internationalen Staatensystem, gleichzeitig aber ist der europäische Idealtypus seit den 1970er Jahren nicht geeignet, um die inneren Zustände vieler Staaten auf dem Globus adäquat abzubilden.

2.3 Staatlichkeit in Europa: Homogenisierung im Mehrebenensystem

Der Wandel von Staatlichkeit in Europa ist seit den 1970er Jahren von zwei Metatrends geprägt, der Homogenisierung und Ausdifferenzierung von Staatlichkeit über mehrere Ebenen. Diese beiden Trends werden hier für die einzelnen Ebenen des Regierens – Europa, Nationalstaat und Regionen (substaatliche Bereiche) – diskutiert. Der Fokus der Betrachtungen liegt damit zwar auf den Mitgliedern der Europäischen Union, allerdings werden deren Nichtmitglieder ebenso wenig aus der Darstellung grundsätzlicher Wandlungsphänomene ausgenommen, wie keine explizite geografische Abgrenzung Europas vorgenommen werden soll.

2.3.1 Die Europäische Union und der europäische Staat

Die Europäische Union kann als Staat sui generis bezeichnet werden, der sich seit den 1970er Jahren immer weiter ausdifferenzierte. Die Union stellte eine neuartige Konstruktion des Regierens dar, die die bestehenden Nationalstaaten Europas massiv in ihrer Staatlichkeit veränderte. Dabei spielte es eigentlich keine Rolle, ob man die Europäische Gemeinschaft (bis 1992) oder die Europäische Union (seit 1992) zu unterschiedlichen Zeitpunkten ihrer Entwicklung nun als Staatenbund, Bundesstaat oder Staatenverbund – wie 1993 das Bundesverfassungsgericht – einstuft. Unbestreitbar hat sie ihre Mitgliedsstaaten in ihrer Staatlichkeit erheblich verändert und sich eine eigene Staatlichkeit aufgebaut.

Die Entwicklung der EU war seit den 1970er Jahren von den Prozessen der geografischen Erweiterung, wie etwa der inhaltlichen Vertiefung der Zusammenarbeit ihrer Mitglieder, geprägt. Erfolgten bis in die 1990er Jahre hinein die Erweiterung und die Vertiefung immer getrennt voneinander, so liefen beide Prozesse bis in die 2000er Jahren mit ihren massiven Erweiterungsrunden zumeist parallel und stellten damit die Mitgliedsstaaten vor große Anpassungsprobleme. Ein Konflikt zwischen beiden Aspekten der Weiterentwicklung der EU war erstmals mit der Erweiterungsrunde von 1995 um Finnland, Österreich und Schweden zu beobachten. Die drei neutralen Staaten des Kalten Kriegs hatten 1990 den Antrag auf Mitgliedschaft ursprünglich an eine Wirtschaftsgemeinschaft gestellt, mussten dann aber durch die Maastrichter Verträge von 1992 über den Beitritt in eine qualitativ deutlich vertiefte Union verhandeln.

Dass die EG/EU überhaupt eine derart expansive Phase durchlief, hat eine Reihe von Ursachen, von denen drei hervorgehoben werden können. Erstens müssen die Folgen einer beginnenden Globalisierung und Entgrenzung der Märkte genannt werden, die in den 1970er Jahren immer offensichtlicher wurden. Immer mehr setzte sich in Europa die Überzeugung durch, dass der europäische Nationalstaat schlichtweg zu klein und deshalb ein Auslaufmodell sei. Nur im Verbund – so die zunehmende Meinung – könnten die europäischen Staaten auf den Weltmärkten überleben und weiterhin konkurrenzfähig bleiben. Zweitens galt es, die in den 1970er und 1990er Jahren neu entstandenen parlamentarischen Demokratien in Süd- und Osteuropa durch eine Einbindung in die Gemeinschaft zu stabilisieren. Drittens stieg mit jeder Erweiterungsrunde der wirtschaftliche und politische Preis, den diejenigen Staaten zu zahlen hatten, die sich nicht in die Gemeinschaft eingliederten und folglich nicht am gemeinsamen Markt partizipieren konnten. Bereits die erste Erweiterungsrunde im Jahr 1973 um Dänemark, Großbritannien und Irland war im Kern wirtschaftlich motiviert, galt es doch den Anschluss an den EG-Binnenmarkt zu finden.

Hatte die Europäische Gemeinschaft in den 1950er Jahren noch im kleinen Rahmen von sechs Nationalstaaten (Belgien, Deutschland, Frankreich, Italien, Niederlande und Luxemburg) begonnen, so erweiterte sie sich seit den 1970er Jahren sukzessive. Nachdem die erste Erweiterungsrunde noch wirtschaftlich motiviert gewesen war, wurde die Gemeinschaft ab den 1980er Jahren auch zu einem kollektiven Sicherheitsarrangement, welches massiv zur Stabilität junger demokratischer Systeme beitrug. 1981 trat zunächst Griechenland, dann 1986 Spanien und Portugal bei. Auch die Erweiterungsrunden nach 2004, die vornehmlich die ehemals sozialistischen Staaten in die Union führte, diente der politischen Stabilisierung. Insgesamt transformierten die Erweiterungsrunden zwischen 1995 und 2004 die EU in ein pan-europäisches Gebilde, transformierten aber auch die ehemals sozialistischen Staaten in parlamentarische Demokratien westeuropäischer Prägung, weil der gesamte Rechtsbestand (acquis communitaire) der EU in das nationalstaatliche Recht übernommen werden musste.

Die Vertiefung der Zusammenarbeit seit den 1970er Jahren erfolgte zum einen durch eine Stärkung der politisch-administrativen Struktu-

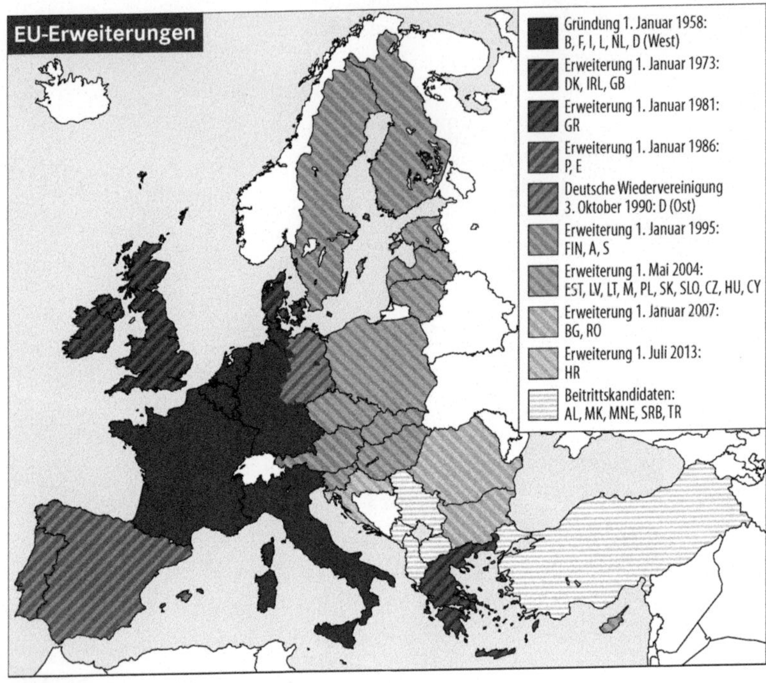

Abb. 1: Karte EU-Erweiterungen

ren. Zum anderen dehnte sich die Zuständigkeit der EU auf immer neue Politikbereiche aus. Eckdaten dieser Entwicklungen waren die großen Vertragsreformen der Union:

1986: Einheitliche Europäische Akte
1992: Vertrag von Maastricht
1997: Vertrag von Amsterdam
2001: Vertrag von Nizza
2007: Vertrag von Lissabon

Politisch-institutionelle Struktur: Nach der institutionellen Grundstruktur der EWG von 1958 bestand die Gemeinschaft zunächst aus dem Rat der EWG, der Kommission, der Gemeinsamen Versammlung

– die sich seit 1959 Europäisches Parlament nannte – und dem Europäischen Gerichtshof. Seit den 1970er Jahren durchschritt die politisch-institutionelle Struktur der Europäischen Gemeinschaft dann eine drei Jahrzehnte andauernde Stärkung ihrer Entscheidungsprozeduren und Entscheidungskompetenzen, die sich für die einzelnen Organe jeweils unterschiedlich darstellte und deshalb auch einzeln betrachtet wird.

Die Einsetzung des Europäischen Rats der Regierungschefs auf der Pariser Gipfelkonferenz 1974 stellte die wahrscheinlich grundlegendste Veränderung der politisch-administrativen Strukturen dar, da mit dem Europäischen Rat nicht nur ein neues Organ entstand, sondern auch das Prinzip der Intergouvernementalität gegenüber dem der Supranationalität gestärkt wurde. Seit den Amtsantritten von Georges Pompidou in Frankreich und Willy Brandt in der Bundesrepublik im Jahr 1969 hatte es bereits unregelmäßige Treffen der EG Regierungschefs gegeben, die im Europäischen Rat verstetigt werden sollten. Dabei stand der Europäische Rat zunächst außerhalb der konstitutionellen Struktur Europäischen Gemeinschaft und erntete in den 1970er Jahren starke Kritik seitens der anderen Gemeinschaftsorgane, die eine Beschneidung ihrer Zuständigkeiten und Kompetenzen befürchteten. Dennoch entwickelte der Europäische Rat bald eine Leitfunktion für die Gemeinschaftspolitik und wurde zum Ort der zentralen Richtungsentscheidungen in Fragen der Vertiefung und Erweiterung der Gemeinschaft.

In zwei Etappen rückte der Europäische Rat immer näher an das Regierungssystem der Gemeinschaft heran. Mit der Einheitlichen Europäischen Akte von 1986 erhielt der Europäische Rat zunächst eine vertragliche Grundlage, bevor er 1992 mit dem Vertrag von Maastricht einen klaren Bezug zur nun entstandenen Europäische Union erhielt. Weiterhin formell außerhalb der konstitutionellen Struktur, sollte er die »für die Entwicklung notwendigen Impulse« geben und »allgemeine politische Zielvorstellungen für diese Entwicklung« formulieren (Art. 4). Der Vertrag von Lissabon ernannte den Europäischen Rat 2007 schließlich offiziell zu einem Organ der Europäischen Union und gliederte ihn damit in eine Gemeinschaft ein, der er tatsächlich schon längst angehörte. Um die Einbindung in die Union zu unterstreichen und die zunehmende Aufgabenfülle permanent wahrnehmen zu können, steht dem Europäischen Rat seitdem ein fester Ratspräsident vor.

Der Europäische Rat kann als eines der mächtigsten Gremien Europas betrachtet werden, der durch seine Entscheidungen auch die europäischen Nationalstaaten in ihrer Entwicklung in eine gleiche Richtung steuert. Der Rat ist gleichermaßen politisch-institutioneller Architekt, politischer Leitliniengeber und Ort der großen Verhandlungskompromisse.

War das Europäische Parlament in den ersten Jahren seiner Existenz noch personell aus den nationalen Parlamenten der Mitgliedsstaaten bestückt worden und inhaltlich vornehmlich konsultativen Charakters gewesen, so sollte die zunehmende Qualität der Staatlichkeit der Gemeinschaft auch vor dem Parlament keinen Halt machen. Es galt der sich vertiefenden Europäischen Gemeinschaft eine größere Legitimation zu verschaffen. Deshalb wurde das Europäische Parlament seit 1979 direkt von den Bürgern der Gemeinschaft gewählt. Seitdem haben alle Vertragsrevisionen von EG und EU das Europäische Parlament gestärkt und seine Kompetenzen sukzessive von der Mitbeteiligung an der Formulierung von Gemeinschaftsrecht auf die Gleichberechtigung mit dem Rat der Europäischen Union angehoben. Das Parlament darf zwar keine Gesetze direkt initiieren, es hat aber weitreichende Gestaltungs- und Kontrollbefugnisse. In einzelnen Politikbereichen wie dem Wettbewerbsrecht oder der Gemeinsamen Außen- und Sicherheitspolitik (GASP) muss es aber weiterhin nur konsultativ gehört werden. Trotz seiner kontinuierlichen und substanziellen Stärkung im Institutionengefüge der EU ist die politische Legitimation durch den EU-Bürger immer schwächer geworden, da die Wahlbeteiligung kontinuierlich von 63 % (1979) auf 43 % (2014) gefallen ist. Lediglich Belgien und Luxemburg stechen mit einer konstant hohen Wahlbeteiligung von ca. 90 % heraus. Das Europäische Parlament steht damit symbolisch für eine steigende Qualität der Staatlichkeit oberhalb des Nationalstaats bei gleichzeitig abnehmender Akzeptanz durch den Bürger.

Das Legislativorgan der Gemeinschaft, das jeweils von den nationalen Fachministerien bestückt wird und in unterschiedlicher fachministerieller Zusammensetzung tagt, hat seit 1970 in zweierlei Hinsicht Veränderungen erfahren: zum einen die Teilung der Entscheidungskompetenzen mit dem Europäischen Parlament und zum anderen die sukzessive Abkehr vom Vetorecht, wie es der Luxemburger Kompromiss von 1965 vorgesehen hatte. Für Verwaltungs- und Rechtsvorschriften erfolgte mit der Einheitlichen Europäischen Akte (EEA) von 1986 die Einführung der qualifizierten Mehrheit. Mit dem Vertrag von Maastricht folgte dann 1992 die generelle Abkehr von der Einstimmigkeit.

Durch die Etablierung des Europäischen Rats fiel der Europäischen Kommission seit den 1970er Jahren immer stärker das politische Tagesgeschäft zu. Dass die Kommission diese Rolle übernehmen würde, war noch in den 1960er und 1970er Jahren nicht klar, sahen sich die Kommission und ihre Präsidenten doch seinerzeit selber gerne als Motoren der Gesamtentwicklung der Gemeinschaft und nicht reduziert auf die Funktionen der Initiativgeberin im legislativen Tagesgeschäft, der ›Hüterin der Verträge‹ und der Wächterin der korrekten Ausführung europäischer Rechtsakte. Zwar hat die Europäische Kommission keine Leitlinienfunktion für die Gemeinschaft insgesamt erhalten, dennoch ist es ihr aber gelungen, in einzelnen Bereichen mit ihren Weißbüchern erhebliches Entwicklungspotenzial zu generieren. So ist beispielsweise dem Weißbuch zur Vollendung des Binnenmarkts von 1985 der Kommission unter Präsident Jacques Delors eine wichtige Bedeutung für die Dynamik der 1990er Jahre und die enorme Vertiefung der Union in dieser Phase zuzusprechen.

Arbeitsbereiche: Dass die Europäische Gemeinschaft sich in ihren Zuständigkeitsbereichen expansiv entwickeln würde, war in den 1970er Jahren nicht unbedingt zu erwarten. Dennoch müssen gerade die 1970er Jahre aus der Retrospektive als ein sehr ambivalentes Jahrzehnt betrachtet werden. Einerseits ging es als Jahrzehnt der ›Eurosklerose‹ in die Geschichtsbücher ein, in der die Folgen der weltweiten Wirtschaftskrise, die Kosten der gemeinsamen Agrarpolitik und die Blockadepolitik der Regierung Thatcher die Gemeinschaft lähmten. Andererseits mündeten Verhandlungen über eine Vertiefung der Zusammenarbeit in drei langfristig bedeutsame Beschlüsse:

(a) die Vollendung des gemeinsamen Agrarmarkts und die Einführung eines eigenen Haushalts der Gemeinschaft,
(b) die Einsetzung des Werner-Ausschusses als erster Schritt zur Wirtschafts- und Währungsunion und
(c) die Vertiefung der Gemeinschaft durch die *Europäische Politische Zusammenarbeit* (EPZ), in der regelmäßige Konsultationen in der Außenpolitik festgelegt wurden.

Zwar sollten in den politisch wie wirtschaftlich krisenreichen 1970er Jahren die beiden letztgenannten Projekte an wiederholten Alleingängen nationalstaatlicher Regierungen scheitern, dennoch wurde die Notwendigkeit einer Vertiefung der Zusammenarbeit immer deutlicher erkennbar.

In der ersten Hälfte der 1980er Jahre änderte sich dann auch die Haltung der Mitgliedsstaaten zur europäischen Vertiefung wieder. Eine Reihe von Initiativen wie die Genscher-Colombo-Initiative zur Stärkung der politischen Zusammenarbeit oder das Weißbuch zur Vollendung des Binnenmarkts stießen eine lang anhaltende Phase der Vertiefung der Zusammenarbeit an. Das Weißbuch mündete im Beschluss des Europäischen Rats vom Dezember 1985, eine Ergänzung der Römischen Verträge vorzunehmen, die im Februar 1986 mit der Einheitlichen Europäischen Akte unterzeichnet wurde. Diese brachte:

(a) die Realisierung des Binnenmarkts bis zum 1. Januar 1993,
(b) die Ausdehnung der Zuständigkeiten auf neue Politikfelder (u. a. Forschung, Technologie, Umwelt, Sozialpolitik),
(c) die Stärkung und festere Institutionalisierung der Europäischen Politischen Zusammenarbeit und
(d) die Einführung einer Hymne und einer Flagge als Identitätsmerkmale.

Die einmal angestoßene Vertiefung der Aufgabenbereiche wurde mit dem Vertrag von Maastricht weiter vorangetrieben. Spätestens mit dem Vertrag von Maastricht unternahm die Union den qualitativen Sprung von einer sektoralen Wirtschaftsgemeinschaft zu einem ausdifferenzierten politischen System eigener Art, das mit der Bezeichnung

Die Flagge der Europäischen Union ist eigentlich bereits 1955 durch den Europarat als blaue Flagge mit 12 im Kreis angeordneten Sternen als Symbol Europas anerkannt worden. Das Europäische Parlament und die Staats- und Regierungschefs der EG erkannten dann 1983 bzw. 1985 die Flagge auch als Symbol der Europäischen Gemeinschaft an. Dabei hat die Zahl der Sterne keine direkte Bedeutung, wohl aber die Anordnung als Kreis, mit der Einheit, Solidarität und Harmonie vermittelt werden soll.

Abb. 2: Die Flagge der Europäischen Union

Union auch begrifflich und symbolisch aufgewertet wurde. Grafisch wurde die Union fortan durch ein Säulenmodell repräsentiert, das mit der Europäischen Gemeinschaft eine tragende Säule hatte, nun aber um die Gemeinsame Außen- und Sicherheitspolitik, die die zuvor gescheiterte Europäische Politische Zusammenarbeit ersetzte, und die Zusammenarbeit bei Justiz und Inneres ergänzt wurde. Die in den 1970er Jahren bereits erprobte politische Zusammenarbeit wurde damit auf ein neues Niveau gehoben. Darüber hinaus wurde die wirtschaftliche Integration von der Mehrheit der Mitglieder um die einheitliche Währung (Euro) erweitert.

Betrafen die Verhandlungsrunden der EU zumeist alle Mitglieder gleichermaßen, so sollte mit dem Schengener Abkommen und der Währungsunion auch die vertiefte Zusammenarbeit einzelner Mitglieder möglich werden, für die der Vertrag von Lissabon 2007 auch eine generelle vertragliche Grundlage schuf. Der Fall des Schengener Abkommens war besonders interessant, entstand das Abkommen doch 1985 zunächst außerhalb der Gemeinschaft und wurde erst 1997 mit dem Amsterdamer Vertrag in das Vertragsrecht übernommen. Gleichwohl übte das Abkommen einen großen Entwicklungsdruck auf die ›staatliche Struktur‹ der EU aus, da die Offenheit der Grenzen zu immer schwieriger kontrollierbarer Mobilität führte, in deren Folge sich die EU-Staaten wesentlich transnationaler neu konfigurieren mussten, u. a. in Bereichen wie der Verbrechensbekämpfung oder sozialen Sicherungssystemen.

Auf dem Weg in ein komplexes europäisches Mehrebenensystem stellte der Vertrag von Lissabon 2007 einen weiteren Schritt dar, da er institutionell und inhaltlich Stärkungen in Bereichen vorsah, die zuvor dem Nationalstaat zugeordnet gewesen waren. Die EU baute die Kompetenzen in der Außen- und Sicherheitspolitik aus, sie erhielt einen Europäischen Auswärtigen Dienst, einen Präsidenten des Europäischen Rats, einen Hohen Vertreter für Außen- und Sicherheitspolitik sowie eine Grundrechtecharta und die Möglichkeit einer europäischen Bürgerinitiative. Gleichzeitig weitete der Vertrag die Verflechtung der Regierungsebenen aus, indem die nationalen Parlamente eine stärkere Beteiligung am Rechtsetzungsprozess zugesprochen bekamen und erstmal die Option eines Austritts aus der EU vorgesehen wurde.

Alles in allem haben sich seit den 1970er Jahren die institutionellen Strukturen ebenso wie die Aufgabenfülle oberhalb der Ebene des Nationalstaats enorm ausdifferenziert. Die Verbindungen zwischen den Nationalstaaten Europas und der Europäischen Union wurden immer zahlreicher und immer intensiver, so dass kaum mehr von zwei getrennten Sphären gesprochen werden kann. Die Zahl der Richtlinien und Verordnungen der EU stieg seit den 1980er Jahren rasant an und liegt mittlerweile bei ca. 40 % der nationalen Gesetzgebung, allerdings mit deutlichen Variationen je nach Politikfeld. In der Umweltpolitik liegt der Anteil bei 81 %, in der Landwirtschaftspolitik bei 75 % sowie in den restlichen Bereichen von Wirtschaft und Verkehr bei 40 %. Die Erweiterung und Vertiefung der Union führte aber auch dazu, dass die EU immer schwerer zu regieren wurde. Zwar erfolgte im politischen Tagesgeschäft eine Zunahme der Entscheidungen mit qualifizierter oder einfacher Mehrheit, dennoch nahmen politische Entscheidungen immer größere Zeiträume in Anspruch, in denen zwischen der steigenden Zahl der Mitgliedsländer und der steigenden Gestaltungsmacht der EU-Organe immer kompliziertere Kompromisse ausgehandelt werden mussten. Die Nachtsitzungen des Europäischen Rats haben sich spätestens seit den 1990er Jahren als zentrale Institution der EU-Politik – nicht zuletzt in der Außenwahrnehmung – herausgestellt.

Ob die Entwicklung der EU eine unumkehrbare Folge der Globalisierung oder einer institutionellen Eigendynamik der EU geschuldet ist, sei einmal dahingestellt. Dessen ungeachtet hat diese expansive Entwicklung die Europäische Union seit Mitte der 2000er Jahren in eine tiefe Legitimitätskrise gestürzt, weil die Transformation von Staatlichkeit in den Mitgliedsstaaten die Frage der Legitimation von Herrschaft völlig neu stellte. Beklagt wird seitdem die fehlende direkte Legitimation vieler EU-Organe durch die Bevölkerung und die fehlende Identifikation der Bürger mit der Europäischen Union. Bereits 1992 hatte der Vertrag von Maastricht bei der Volksabstimmung in Dänemark erst im zweiten Anlauf die notwendige Zustimmung erhalten. In anderen Staaten wurde der Vertrag der Bevölkerung nicht zur Abstimmung vorgelegt und stattdessen durch nationale Parlamente ratifiziert. Die enormen Vertiefungsschübe der EU erfolgten zumeist ohne direkte Legitimation durch die EU-Bürger, was die Klagen über die unzureichende Demokratisierung der Union verschärfte. Bezeichnenderweise scheiterten im Laufe des Jahres 2005 die Bemühungen darum, der gewandelten staatlichen Struktur der Union durch einen Verfassungsvertrag – zumindest symbolisch – gerecht zu werden, an ablehnenden Voten der Referenden in Frankreich und den Niederlanden. Die Kritik richtete sich auf unzureichende Demokratisierung, weil der Vertrag weiterhin zu viel Entscheidungsgewalt bei den nicht direkt demokratisch legitimierten Organen belasse. Ausschlaggebend war aber die Angst vor einem europäischen Superstaat, weil nationale Vetorechte aufgegeben werden sollten und auch die Legislativakte der EU fortan Gesetze (Verordnung) und Rahmengesetze (Richtlinie) heißen sollten. Zwar kodifizierte der Vertrag von Lissabon dann 2007 die inhaltlichen Regelungen des Verfassungsentwurfs, das Prädikat einer Verfassung als sichtbarster Indikator eigenständiger Staatlichkeit wurde der EU aber verweigert.

In den 2010er Jahren haben die Legitimitätsprobleme der EU erneut zugenommen, wie v. a. das erfolgreiche Referendum über den Austritt Großbritanniens aus der Union zeigte. Damit einher ging eine Hinwendung der EU-Bürger zu Parteien, die die massive Bedeutung der staatlichen Strukturen oberhalb des Nationalstaats ablehnten, die immer öfter die Rückkehr zum Prinzip des Nationalstaats forderten und mit dem Austritt aus der EU um Stimmen warben. Dabei spielt auch eine

Rolle, dass der EU eine europäische Identität als einigendes legitimatorisches Band ähnlich der Nation fehlt.

Trotz der enormen Erweiterung und Vertiefung, welche die Europäische Union seit den 1970er Jahren erfahren hat, ist sie in ihrer administrativen Substanz im Vergleich zum traditionellen Nationalstaat überschaubar geblieben, v. a. weil sie über keine eigene Exekutive verfügt. So verfügte die Europäische Union im frühen 21. Jahrhundert über ca. 60 000 Mitarbeiter, womit sie noch unter der Zahl eines kleineren Bundeslands wie Hamburg lag, das ca. 75 000 Mitarbeiter beschäftigte. Die Durchsetzung von EU-Recht obliegt nationalstaatlichen oder regionalen Behörden, womit einmal mehr der Charakter von verflochtenen Ebenen im europäischen Mehrebenensystem deutlich wird.

2.3.2 Harmonisierung des Nationalstaats

Ein kennzeichnendes Merkmal der europäischen Nationalstaaten war in den 1970er und 1980er Jahren eine kritische Distanz der Bevölkerung zu den bestehenden nationalstaatlichen Verhältnissen, wenngleich diese Distanz sich in den unterschiedlich verfassten Nationalstaaten der einzelnen Teile Europas ganz unterschiedlich auswirkte. Einerseits setzte sich in ihrer Folge in zwei Schritten die parlamentarische Demokratie zunächst in den 1970er Jahren in den südeuropäischen Diktaturen Griechenland, Portugal und Spanien durch und dann in den frühen 1990er Jahren in den Nationalstaaten Ostmitteleuropas. Andererseits durchlief der Nationalstaat eine ambivalente Phase des gleichzeitigen Ab- und Aufbaus von Staatsstrukturen und staatlichen Tätigkeitsbereichen im Zuge neoliberaler Staatsreformen. Hinzu kam, dass ein zunehmend an der individuellen Selbstverantwortung orientiertes Menschenbild, dessen stärkster Ausdruck der Neoliberalismus und der generelle Wertewandel hin zu Selbstverwirklichung und Individualismus war, den Nationalstaat und seine tragenden Strukturen von innen heraus transformierte. Unabhängig davon, ob die kritische Distanz sich gegen die Diktatur, den Sozialismus oder die Ausgestaltung der westlichen Demokratie richtete, gemein war ihr ein gesellschafts- und politikkritisches Bewusstsein hinsichtlich der Frage staatlicher Legitimität. Empfundene Fremdbestimmung sollte durch Selbstbestimmung ersetzt werden.

Flächendeckende Durchsetzung der parlamentarischen Demokratie: Das Ende der Diktaturen Südeuropas und des Sozialismus warf in den 1970er wie in den 1990er Jahren jeweils die Frage der Gestaltung von Staatlichkeit auf. Dabei ging es einerseits darum, dass die Nationalstaaten von sich aus das Ziel ihrer zukünftigen Staatsstruktur ausloteten, andererseits spielte in beiden Fällen die Europäische Gemeinschaft bzw. die Europäische Union eine wichtige Rolle, weil die sich neuformierenden Nationalstaaten schnell die Mitgliedschaft beantragten. Im Fall Osteuropas stellte sich die Transformation der Staatlichkeit als eine generell radikalere dar, was auch daran lag, dass die EG der 1970er Jahre nicht mit der EU der 1990er Jahre verglichen werden kann. Stellten Griechenland, Portugal und Spanien den Antrag auf Mitgliedschaft an eine Wirtschaftsgemeinschaft, so stellten ihn die osteuropäischen Staaten 20 Jahre später an ein komplexes politisches System. Dabei profitierten alle, v. a. in finanzieller Hinsicht, entweder direkt oder indirekt von Auslandsinvestitionen aus der Gemeinschaft, wodurch Wachstum und letztlich politische Stabilität generiert wurden.

In den südeuropäischen Militärdiktaturen verlief der Übergang zur parlamentarischen Demokratie in den 1970er Jahren zumeist friedlich, wenn man einmal von dem gescheiterten Militärputsch in Spanien absieht, der am 23. Februar 1981 für weniger als 24 Stunden das Demokratieprojekt zu gefährden schien. Hatte die griechische Militärdiktatur ohnehin nur sieben Jahre Bestand gehabt, so transformierten sich die faschistischen Regime unter Franco in Spanien und Salazar in Portugal ohnehin seit Beginn der 1970er Jahre unterschwellig. Insbesondere die ›Nelkenrevolution‹ in Portugal beendete nur eine blockierte Staatsreform, die angesichts der wirtschaftlichen Situation des Landes und der kolonialen Konflikte unausweichlich war. Alle drei Staaten traten 1974/75 in einen Prozess der Demokratisierung ein, der spätestens mit dem EG-Beitritt 1981 (Griechenland) und 1986 (Portugal und Spanien) abgeschlossen war.

In den sozialistischen Staaten Osteuropas erfolgte der Übergang in die parlamentarische Demokratie gleichzeitig mit der ins europäische Mehrebenensystem, was die Transformation nicht nur radikaler, sondern auch fremdbestimmter machte. Dass die sozialistischen Staaten aber mehrheitlich den radikalen Weg in die Europäische Union und die parlamentarische Demokratie einschlugen, war anfangs weder intendiert noch absehbar. So plante der sowjetische KPD-Parteichef, Michail Gorbatschow, mit seiner Politik von Glasnost und Perestroika primär den kontrollierten Umbau des real existierenden Sozialismus. Auch die osteuropäischen Revolutionäre wollten zunächst lediglich souveränes Handeln ihrer Regierungen und freie Wahlen erreichen. Insofern eroberte die Bevölkerung Osteuropas ihre Volkssouveränität in den Jahren von 1989 bis 1991 weitgehend selbständig zurück und auch die Entscheidung für Demokratie und Kapitalismus wurde im Grundsatz selbstständig gefällt. In der konkreten Ausgestaltung übernahm dann aber die Europäische Union eine klare Leitlinienfunktion.

Perestroika steht für den ›Umbau‹ der sozialistischen Ordnung von Gesellschaft, Wirtschaft und Politik in der UdSSR nach dem Amtsantritt von Michail Gorbatschow im März 1985. Es ging darum, durch Reformen in Staat, Wirtschaft und Partei die offensichtlichen Schwächen des Systems zu beseitigen und den immer offensichtlicheren Rückstand im Systemwettbewerb aufzuholen. Stichworte waren eine stärkere Orientierung der Produktion an der tatsächlichen Nachfrage, freie Wahlen oder der Ausbau von Rechtsstaat und Gewaltenteilung.

Info 3: Perestroika – Politik der Umgestaltung des politischen und wirtschaftlichen Systems?

Seit dem Zusammenbruch des Kommunismus lag die wirtschaftliche und politische Stabilisierung Osteuropas im Interesse der Europäischen Union. Immerhin war die Gemeinschaft in den 1950er Jahren auch aus dem Grund entstanden, Frieden und Wohlstand in Europa zu sichern. Die EG legte deshalb noch 1989 mit dem ›Poland and Hungary: Assistance for Restructuring of the Economies‹-Programm ein großes Hilfsprojekt für den Verwaltungsaufbau und Infrastrukturprojekte auf, um die Wirtschaft zu unterstützen und die Demokratisierung zu fördern. Nach 1991 schlossen mehrere Beitrittskandidaten, zunächst

Ungarn und Polen, Assoziierungsabkommen mit der EU ab, v.a. in Form von Handels- und Kooperationsabkommen, die das langfristige Ziel eines EU-Beitritts festschrieben. Im Juni 1993 wurden auf dem Gipfeltreffen des Europäischen Rats die so genannten Kopenhagener Kriterien formuliert, die eine Bestätigung der Kooperationspolitik und eine prinzipielle Beitrittszusage darstellten, andererseits aber auch klare Beitrittskriterien definierten. Voraussetzungen waren:

(a) Institutionelle Stabilität als Grundlage einer demokratischen Ordnung,
(b) Existenz einer funktionierenden Marktwirtschaft, die dem Wettbewerbsdruck innerhalb der EU standhält,
(c) Fähigkeit, die aus der Mitgliedschaft erwachsenden Verpflichtungen des gemeinsamen Rechtsbestandes (Acquis communitaire), zu meistern, d.h. die Umsetzung aller gültigen Verträge und Rechtsakte (ca. 16000 Verordnungen und Richtlinien) und
(d) Übernahme der Ziele der politischen Union und der Wirtschafts- und Währungsunion.

Bereits 1994 beschloss der Essener Gipfel eine neue Heranführungsstrategie samt finanzieller Unterstützung und stärkerer Hilfe auf institutioneller Ebene. Der Rat verabschiedete bereits ein Jahr später, im Juni 1995, ein Weißbuch zur Eingliederung der Beitrittskandidaten in den gemeinsamen Markt, in dem die Kopenhagener Kriterien in einen klaren Maßnahmenkatalog umformuliert wurden. Nachdem im November 1998 die Beitrittsverhandlungen offiziell begonnen hatten, setzten die Kommission und der Rat Arbeitsgruppen ein, welche die Umsetzung der Kopenhagener Kriterien überwachten und bewerteten.

Die Vorgehensweise der EU ließ kritische Stimmen sowohl unter den Mitgliedsländern als auch den Beitrittskandidaten laut werden, die den hohen Grad an Fremdbestimmtheit und die Radikalität der staatlichen Transformation in Osteuropa beklagten. Nicht selten wurden die Verhandlungen als demütigend empfunden, da Nationalstaaten, die gerade ihre Selbstbestimmtheit wiedererworben hatten, sich nun erneut einem externen Diktum unterwerfen mussten und keinen eigenen Weg der staatlichen Transformation einschlagen konnten. Die Kritiker wurden aber wiederholt mit Verweisen zunächst auf den Jugoslawienkrieg und später auf den Kosovo-Krieg gekontert. Eine Aussetzung der Erweiterung – so das Argument – würde die Demokratisierung und Stabilisierung in Osteuropa gefährden. Die Fernsehbilder aus dem Kosovo-Krieg ließen Kritiker vorerst verstummen.

So sehr die Transformation der Nationalstaaten Osteuropas zu den Prozessen der Homogenisierung staatlicher Strukturen und der Einbindung ins Mehrebenensystem beitrug, so sehr offenbarten die Verhandlungen um die Osterweiterung aber auch, wie stark die bestehenden Mitglieder in eben jenes europäische Mehrebenensystem und dessen Regierungs- und Finanzierungssystem eingebunden waren. Die schwierigen Verhandlungen über die Verteilungsschlüssel von Zuschüssen aus dem Agrarhaushalt oder den Regionalfonds sowie die Übergangsfristen hinsichtlich der Freizügigkeit der Arbeitnehmer aus den osteuropäischen Staaten im Binnenmarkt gaben zu erkennen, dass die nationalstaatlichen Märkte und Haushalte ohne die EU nicht mehr gedacht werden konnten.

Ambivalente Schrumpfung und Expansion des Staats: Kennzeichnend für die Entwicklung des Nationalstaats seit 1970 sind die ambivalenten Entwicklungen der Schrumpfung und Expansion des Staates, die in vielerlei Hinsicht als Folge der Einbindung in die EU aber auch als Folge der Globalisierung zu bewerten sind. Einerseits nahm die staatliche Gestaltungsfähigkeit im Inneren stark ab, weil die sozioökonomische Entgrenzung die Handlungsmöglichkeiten in der Sozial- und Wirtschaftspolitik einschränkte. Unterstützt und beschleunigt wurde dies durch die Durchsetzung des neoliberalen Leitbildes, das eine europaweite Welle der Deregulierung und Privatisierung zur Folge hatte. Andererseits nahm die nationalstaatliche Regulierung privatisierter Wirtschaftsbereiche und die Sozialtätigkeit zu bzw. sie stagnierten auf einem hohen Niveau, v. a. im Bereich öffentlicher Güter.

Ausschlaggebend für diese Ambivalenzen waren die wirtschafts- und sozialpolitischen Entwicklungen der 1970er Jahre. In vielen westeuropäischen Staaten, v. a. in den nordischen Staaten und in der Bundesrepublik, expandierte der Staat trotz unübersehbarer wirtschaftlicher Krisenerscheinungen. Noch in der Vorstellung der keynesianistischen Defizitfinanzierung verankert, weitete der Nationalstaat allmählich seine Tätigkeiten und Zuständigkeiten aus. Sozialbudgets stiegen kräftig an, in der Bundesrepublik beispielsweise von 25 % (1969) auf 33 % (1975) binnen weniger Jahre.

Eine radikalere Zäsur brachte der Neoliberalismus. Die Vorreiter des neoliberalen Staatsumbaus, der im Kern auf eine staatsfreie Marktwirtschaft mit individueller statt kollektiver Verantwortung setzte, fanden sich in den konservativen Parteien Europas und der USA, wobei sie mit den ›Reaganomics‹ von US-Präsident, Ronald Reagan, und dem ›Thatcherismus‹ der britischen Premierministerin, Margarete Thatcher, klar personalisierte Leitbilder besaßen. In Europa machte Großbritannien nach der Wahl Thatchers im Jahr 1979 den Anfang mit den neoliberalen Staatsreformen, die anderen Nationalstaaten folgten – auch mit Unterstützung der EG – sukzessive in den 1980er Jahren, wenngleich die meisten Nationalstaaten einen gemäßigteren Kurs als Großbritannien einschlugen. Bogen aber die westeuropäischen Nationalstaaten mehr oder weniger freiwillig auf den neoliberalen Pfad ein, so bekamen die osteuropäischen Staaten die neoliberale Schocktherapie durch die EU und andere Geldgeber verordnet. Dies war eine doppelte Herausforderung, hatten doch die sozialistischen Systeme den neuen Nationalstaaten das Erbe eines enorm umfangreichen Staatsapparats hinterlassen.

Den Auftakt machten die Privatisierungen bzw. Teilprivatisierungen der großen Staatsunternehmen im Bereich der öffentlichen Daseinsvorsorge von Gas, Wasser, Strom, Verkehr, Post oder Telekommunikation. Hatten die Nationalstaaten Europas seit dem 19. Jahrhundert die Versorgung ihrer Bürger mit infrastrukturellen Diensten in zunehmendem Maße selber organisiert, wurde dies in den 1980er und 1990er Jahren radikal verändert. Mit der Privatisierung staatlicher Großunternehmen bzw. Monopolverwaltungen, wie etwa der Post oder der Bahn, reduzierten sich die Staatsquote und die staatliche Tätigkeit deutlich. Der Post- oder Bahnbeamte, der dem Kunden noch in den 1970er und frühen 1980er Jahren als Staatsdiener entgegentrat, wurde in den 1990er Jahren zu einem privatwirtschaftlichen Angestellten. Die Privatisierung und der Verkauf von Staatsunternehmen bedeuteten insgesamt einen massiven Verlust exekutiver Substanz des Staats.

Die Privatisierungswelle setzte sich in den 1990er und 2000er Jahren weiter fort, indem die Altersvorsorge teilprivatisiert, die Arbeitsmarktregulierung gelockert, die Krankenversicherung reformiert und weitere Maßnahmen vorgenommen wurden. Der Umbau des Sozialstaats und seiner Sozialsysteme verlagerte die Verantwortung auf den Bürger und kürzte die staatlichen Leistungen. Bemerkenswerterweise waren es die traditionellen Arbeiterparteien, die vielfach die Staatsreformen durchsetzten. So waren es ›New Labour‹ unter Tony Blair in Großbritannien oder die SPD unter Bundeskanzler Gerhard Schröder in Deutschland, die den von ihren konservativen Konkurrenten begonnenen neoliberalen Staatsumbau fortsetzten. Im Gegensatz zur Privatisierung der Staatsunternehmen, die massiv von der EU gefordert und gefördert wurde, steuerte beim Umbau der Sozialsysteme der Nationalstaat selber die Entwicklungsrichtung, weshalb hier die Unterschiede zwischen den europäischen Nationalstaaten nur bedingt nivelliert wurden. Der Umbau der Sozialsysteme kann insofern als Indikator dafür angesehen werden, dass der Nationalstaat im europäischen Mehrebenensystem nicht erodierte. Im Gegenteil, in vielen Politikbereichen blieb er in seiner Souveränität formell erhalten. Hierzu zählen weitere Kernbereiche staatlicher Aktivität wie die Bildungspolitik, die Außenpolitik, das Militär, Familienpolitik etc. Sogar in den privatisierten Sektoren der infrastrukturellen Daseinsvorsorge trat der Nationalstaat dem Privatunternehmen in Form von Regulierungsbehörden entgegen, die die Rahmenbedingungen marktwirtschaftlichen Handelns privater Unternehmen setzten und nicht selten tief ins operative Geschäft eingriffen. Regulierung führt so, wie man in den 1980er Jahren dachte, zum Erhalt von Staatskompetenzen.

Parallel zum Wandel des Nationalstaats im europäischen Mehrebenensystem veränderte sich seit den 1970er Jahren auch die Partizipation des Bürgers am Staat und der Politikformulierung. Die Teilnahme an Wahlen und Parteien als demokratische Partizipationsformen verloren ihre Exklusivität und wurden in den 1970er und frühen 1980er Jahren durch Bürgerbewegungen als neue Arten der Beteiligung an und Verhandlung von Politik ergänzt. Dabei waren Bürgerbewegungen nur der zweite Schritt, nachdem zunächst die politische Partizipation sich von der Auseinandersetzung zwischen sozialen Klassen in das individualistische, kritische Engagement in kleineren Gruppen verlagerte, die sich dann wieder in einer Bewegung formierten. In diesem Prozess wurde überall in Europa mit verschiedenen Formen der direkten Demokratie experimentiert, etwa Demonstrationen, politische Happenings oder Bürgerinitiativen, die nicht selten mit der Polizei in Konflikt gerieten. Eine enorme Bandbreite unterschiedlich großer Bewegungen formierte sich unter dem Dach der Neuen Sozialen Bewegungen. Die prominentesten waren die Umweltbewegung, die Anti-Atomkraft-Bewegung, die Friedensbewegung oder die Frauenbewegung. Zumeist fokussierten sie einen inhaltlichen Schwerpunktbereich und ersparten sich so die schwierigen Abwägungsprozesse zwischen konfligierenden Zielen, wie sie die Parteien intern austragen mussten. Aus den Neuen Sozialen Bewegungen gingen dann aber in vielen Staaten Europas in den 1980er Jahren Grüne Parteien hervor, die neue Themen in die Parlamente brachten und so auch etablierte Parteien zwangen, sich auf neuen Politikfeldern wie etwa der Umweltpolitik, der Frauenpolitik u. ä. zu engagieren. Die Transformation der Bürgerbewegungen in Parteien vollzog sich zumeist dann erfolgreich, wenn es gelang, mehrere Schwerpunktthemen ins Parteiprogramm zu integrieren.

Die sich wandelnde Kultur politischer Teilhabe wirkte sich in markanter Weise auf die Wahlbeteiligung innerhalb der Staaten Europas aus, die seit Mitte der 1970er Jahre – von einigen Ausnahmen wie etwa Belgien und Schweden abgesehen – spürbar abnahm. In der Bundesrepublik gaben bei der Bundestagswahl 2009 gerade noch 71 % der Wähler ihre Stimme ab, nachdem noch Anfang der 1970er Jahre die Werte bei mehr als 90 % lagen. In den ehemals sozialistischen Staaten Osteuropas konnte die Wahlbeteiligung aufgrund fehlender demokratischer Traditionen und eines weit verbreiteten Misstrauens der Bevölkerung in das System und die politischen Eliten selten hohe Werte erreichen. Flächendeckend sanken seit den ersten freien Wahlen die Werte auf mitunter weniger als 50 % bei Parlaments- oder Präsidentschaftswahlen.

Abb. 3: Brokdorf, Demonstration gegen den AKW Bau (1981).

2.3.3 Regionalisierung und Föderalisierung

Auf dem Weg zur Homogenisierung des Staats im europäischen Mehrebenensystem sind die Regionalisierung und Föderalisierung des Nationalstaats im Inneren zentrale Entwicklungen. Regionalbewegungen und deren Versuche, die nationale Souveränität oder regionale Autonomie zu erlangen, prägten insbesondere das Europa der späten 1970er und frühen 1980er Jahre. Dabei war die Entstehung von Regionalidentitäten und regionalen Parlamenten die Reaktion einerseits auf eine Reihe von Unruhen und Autonomiebestrebungen sowie andererseits auf eine generelle Bedeutungszunahme substaatlicher Ebenen. Eine Vorreiterrolle fiel hier Südtirol zu, das bereits 1972 zur autonomen zweisprachigen Region erhoben wurde.

Der Wunsch nach regionaler Autonomie – teils verstanden als eigener Nationalismus – war vielfach nicht neu, in den 1970er Jahren brachen aber alte Konfliktlinien aufgrund einer Reihe von Ursachen wieder neu auf. Erstens hatte das Wirtschaftswachstum seit Ende des

Zweiten Weltkriegs neue Rahmenbedingungen geschaffen. Zweitens förderte der Wertewandel hin zur Selbstbestimmung die Protagonisten der regionalen Selbstbestimmung. Drittens fiel die politische Unterdrückung regionaler Autonomie nach dem Ende der diktatorischen Regime weg, was sich besonders deutlich in Spanien zeigte, wo Katalanen und Basken recht schnell nach Unabhängigkeit strebten. Wenngleich die vielen Autonomie- und Unabhängigkeitsbewegungen – ob in Katalonien oder im Baskenland (Spanien), in der Wallonie und Flandern (Belgien) oder in Schottland – über unterschiedliche Ziele, Strategien und Mittel verfügten, so bewirkten sie in einer hier entscheidenden Angelegenheit das gleiche Ergebnis: die Verlagerung politischer Entscheidungs- und Gestaltungskompetenz vom Nationalstaat auf die regionale Ebene und den damit verbundenen Ausbau von Herrschafts- und Verwaltungsstrukturen. Sogar die Schweiz erlebte ihre eigene Autonomiebewegung, die in der Schaffung des Kantons Jura im Jahr 1978 mündete, in der sich die französischsprachigen Amtsbezirke des Kantons Bern zusammenfanden. Die Vielfalt der Regionalbewegungen trug generell zu einer Föderalisierung der europäischen Nationalstaaten bei und setzte das Thema der politischen Verantwortung unterhalb der Ebene des Nationalstaats auch in den Staaten auf die Tagesordnung, die nicht wie Deutschland bereits über eine lange föderale Tradition verfügten.

Die Europäische Gemeinschaft unternahm eine Reihe direkter Versuche in die Regionalisierung einzugreifen, um den wirtschaftlichen und sozialen Zusammenhalt innerhalb der Gemeinschaft zu stärken, aber eben auch, um die eigene Legitimität zu erhöhen. Hierzu zählen:

1975: Einführung der Europäischen Regionalfonds
1985: Gründung der Versammlung der Regionen mit Sitz in Straßburg
1988: Einführung des Prinzips der Subsidiarität
1992: Einsetzung des Ausschusses der Regionen als beratendes Gremium der EU, das sich aus gewählten Mitgliedern der Regionen zusammensetzt.

Mit der Einsetzung des Ausschusses der Regionen als beratendes Gremium der EU waren die Regionen Europas erstmals konsultativ am Legislativprozess der Union beteiligt.

Abb. 4: Die Abtrennung des Kantons Jura vom Kanton Bern

Gegen Ende der 1990er Jahre machten die Regionalfonds bereits 35 % der gesamten Ausgaben der Europäischen Union aus und sie verharren seitdem konstant auf diesem Niveau. Mit den Bemühungen der Europäischen Gemeinschaft um eine Stärkung der Regionen nahm sukzessive auch die finanzielle Abhängigkeit der substaatlichen Ebene von der europäischen Ebene – vorbei am traditionellen Nationalstaat – zu, was den Mehrebenencharakter staatlicher Strukturen innerhalb Europas stark förderte.

Dass in Westeuropa die Regionalisierung bisher in keiner nationalen Abspaltung mündete, ist auch eine Folge der Veränderung von Staatlichkeit innerhalb der Europäischen Union, weil die einzelnen Ebenen bereits stark miteinander verflochten sind. In Staaten mit langer föderaler Tradition, wie etwa der Bundesrepublik, gingen die Regionen bzw. Bundesländer sogar dazu über, eigene Vertretungen in Brüssel zu errichten. Wenngleich die Regionen sicherlich nicht gleichberechtigt neben den anderen beiden Ebenen in der EU agierten, so wurde seit den 1970er Jahren aber nichtsdestotrotz das Strukturprinzip der Region etabliert.

2.4 Fazit

Seit den 1970er Jahre wandelte sich europäische Staatlichkeit in vielerlei Hinsicht. Global betrachtet verlor das traditionelle Modell europäischer Staatlichkeit an Bedeutung, da in vielen Teilen der Erde sich alternative Ordnungs- und Herrschaftssysteme herausbildeten, die gerne als Räume begrenzter Staatlichkeit bezeichnet werden. Innerhalb Europas lassen sich derweil die zwei Trends der Homogenisierung von Staatlichkeit und der zunehmenden Verflechtung der drei Ebenen ausmachen. Staatlichkeit verteilte sich seit den 1970er Jahren zunehmend über die Ebenen des europäischen Mehrebenensystems, womit auch die Komplexität der politisch-institutionellen Strukturen deutlich zunahm. Institutionelles Wissen über die vielfältigen Entscheidungswege nahm bei der politischen Gestaltung im Mehrebenensystem enorm an Bedeutung zu. Immer öfter traten auch die einzelnen Institutionen miteinander in Konkurrenz. Trotz der vielfältigen Veränderungen von Staatlichkeit in Europa bzw. der vielfach diagnostizierten Zerfaserung des Nationalstaats blieb dieser bis heute die wichtigste Instanz in einer globalisierten Welt. In Europa blieb der Nationalstaat seit den 1970er Jahren der zentrale Entscheidungsträger, wenngleich seine Entscheidungskompetenzen schrumpften.

3 Recht

3.1 Vorbemerkungen

Im Einklang mit den Veränderungen der staatlichen Strukturen (staatliche Verfasstheit und Legislative) hat sich Europa seit 1970 immer mehr in eine Rechtsgemeinschaft mehrerer Ebenen verwandelt, die über unterschiedliche Rechtsräume subsidiär miteinander verflochten ist und nach außen starke Bezüge und Interdependenzen aufweist. Dabei hat sich nicht nur der nationale Rechtsraum fundamental transformiert, der zuvor lange Zeit ein weitgehend abgeschottetes und im Inneren harmonisches Gebilde dargestellt hatte. Vielmehr hat sich rund um den Europäischen Gerichtshof ein europäisches System integrierter und interdependenter Rechtsprechung entwickelt. Dabei musste Recht in zunehmendem Maße globalen, europäischen, nationalen und subnationalen Regelungsbedürfnissen angepasst sein, was immer größere Anforderungen an die Koordination zwischen den einzelnen Rechtsebenen stellte.

Generell stehen das Recht und die gesellschaftliche Ordnung in einem Wechselverhältnis. Das Recht gliedert sich systematisch in die verschiedenen Bereiche der Rechtschaffung (Legislative), der Rechtsprechung (Judikative) und der Durchsetzung von Recht (Exekutive), von denen die Legislative im Kapitel ›Staat‹ eingehender betrachtet wird. Recht wirkt einerseits normierend auf Politik, Wirtschaft, Technik und Gesellschaft, andererseits reagiert es auf deren Veränderungen. Ein Wesensmerkmal von Recht ist die Ordnung des Miteinanders von Menschen und Staaten. Die Befugnis zur Durchsetzung von Recht ist ein zentrales Kriterium insbesondere im zwischenstaatlichen Recht.

Deshalb stellt auch die Akzeptanz von Rechtssystemen durch Staaten und Bürger einen fundamentalen Funktionsmechanismus von Recht dar. Fühlen sich Staaten und Bürger nicht mehr an das gemeinsam ausgehandelte Recht gebunden, verliert es seine normierende Funktion.

Hier steht die Entwicklung des positiven, d. h. schriftlich fixierten, internationalen Rechts im Vordergrund, weil dieses wie kein zweiter Faktor auch die Veränderung der nationalstaatlichen Rechtsräume in Europa geprägt hat und eben für die Entstehung eines Mehrebenensystems des Rechts gesorgt hat. Die Europäische Union mitsamt ihren Vorgängern wird dabei eine zentrale Rolle einnehmen, weil sie zwischen ihren Mitgliedsstaaten einen besonders hohen Grad der Verflechtung herstellte. Gewohnheitsrecht wird nicht systematisch betrachtet, da es für die Epoche seit den 1970er Jahren eher eine untergeordnete Bedeutung besitzt.

Die Internationalisierung des Rechts kann nicht isoliert von der Entwicklung des internationalen Systems betrachtet werden, weil dieses aus internationalen Organisationen und internationalen Abkommen besteht, die wiederum internationales Recht schaffen. Insofern lassen sich systematisch ähnliche Entwicklungslinien zwischen Staat und Recht ausmachen, bei denen im 18./19. Jahrhundert zunächst der Nationalstaat nach innen durch Rechtsetzung und Rechtsvereinheitlichung entstand, dann aber ebenfalls noch im 19. Jahrhundert parallel dazu sich internationales Recht für zwischenstaatliche Belange durchsetzte. Schon in der frühen Neuzeit setzte ein Prozess der Entgrenzung von Rechtsräumen ein, bei dem sich diese über den städtischen Raum hinaus ausdehnten, sich im 19. Jahrhundert vorübergehend im Nationalstaat konsolidierten, um im 20. Jahrhundert sich über den Nationalstaat hinaus zu erweitern. Einen wichtigen Faktor in der Entwicklung stellt das Verfassungsrecht dar, weil es sich als eine besonders stabile Konstruktion erwies, das kurzfristige politische, wirtschaftliche und gesellschaftliche Konjunkturen überdauerte und abmilderte. Das Völkerrecht bzw. internationales Recht kennt unterschiedliche Rechtsbereiche, die nach und nach entstanden sind. In Anbetracht ihrer Fülle kann hier kein Überblick über alle Aspekte gegeben werden. Das Wirtschaftsrecht wird dabei vordergründig behandelt, weil dieses einen Motor der Entwicklung grenzüberschreitender Rechtsräume insbesondere in Europa darstellt.

3.2 Grundsätzliches zum internationalen Recht

Es muss seit der zweiten Hälfte des 20. Jahrhunderts zwischen verschiedenen Rechtsebenen unterschieden werden, die sich zunehmend miteinander verwoben gleichzeitig aber auch sich selber immer stärker als eigenständige Rechtsordnungen erwiesen. So gilt zu unterscheiden zwischen Völkerrecht, EU-Recht (bzw. Unionsrecht), Europarecht im weiteren Sinne (als Teil des Völkerrechts), nationalstaatlichem Recht und substaatlichen Rechtsebenen. Ein Charakteristikum des internationalen Rechts ist die fehlende Durchsetzungsgewalt in Form einer eigenen Exekutive, die es eigentlich nur auf nationalstaatlicher Ebene gibt. Darin ist aber kein grundsätzlicher Konstruktionsunterschied zu nationalstaatlichen Rechtsräumen zu sehen, weil auch föderal organisierte Staaten, wie etwa die Bundesrepublik, die Exekutive primär auf der Ebene der Bundesländer verankert haben. Gleichwohl ist hierin ein Aspekt der Transformation von Staatlichkeit zu sehen, weil insbesondere innerhalb der EU Legislative, Exekutive und Judikative in ganz unterschiedlichen Varianten über die Ebenen der Staatlichkeit verteilt sind. Jenseits des Nationalstaats spielt auch die Akzeptanz des Rechts durch den Bürger wie durch staatliche Instanzen eine zentrale Rolle, weil internationales Recht eben nicht auf die legitimatorische Instanz des Nationalen zurückgreifen kann.

Völkerrecht bezeichnet zunächst einmal die Prinzipien und Regeln der zwischenstaatlichen Beziehungen, weshalb es auch als internationales Recht bezeichnet wird. Seine Entwicklung ist Teil der generellen Entwicklung des internationalen Systems, v. a. internationaler Abkommen und Organisationen, da diese in ihren Abkommen und Vereinbarungen Recht schaffen. Staaten unterwerfen sich durch Ratifikation dieser Abkommen den zwischenstaatlichen Regelungen und schaffen damit positives, d. h. formell festgeschriebenes Völkerrecht. Da aber im Völkerrecht keine Exekutiven, Legislativen und Judikativen im staatsrechtlichen Sinne entstehen, muss es auch als Koordinationsrecht bezeichnet werden, welches freiwillig eingegangen wird und das Prinzip nationalstaatlicher Souveränität zunächst unberührt lässt.

Völkerrechtssubjekte sind entweder Staaten oder intergouvernementale bzw. supranationale Organisationen, wie beispielsweise die Europäische Union. Grundsätzlich kennt das Völkerrecht keine Einzelpersonen, allerdings deuten neuere Entwicklungen in der Strafgerichtsbarkeit an, dass Einzelpersonen – etwa in Form von Kriegsverbrechern – zu Völkerrechtssubjekten avancieren, um angeklagt werden zu können. Prinzipiell sind Völkerrecht und nationales Recht voneinander getrennt und stehen in keinem hierarchischen Über- oder Unterordnungsverhältnis. Für die europäischen Staaten gilt derweil, dass die strikt duale Trennung zwischen Völkerrecht und nationalem Recht, wie sie noch zu Beginn der 1970er Jahre vorlag, unschärfer wird. Insbesondere die Liberalisierung des Welthandels und die dazu geschlossenen Abkommen sowie die zunehmende infrastrukturelle Vernetzung von Staaten und Kontinenten erfordern eine Öffnung bzw. gegenseitige Annäherung.

Völkerrecht ist von zwei Typen des internationalen Rechts abzugrenzen. Erstens gibt es das internationale Privatrecht, womit eine Rechtsart gemeint ist, die lediglich klärt, welche nationale Rechtsordnung im Falle einer grenzüberschreitenden Rechtsstreitigkeit Anwendung findet. Es ist also keine eigene Rechtsordnung im hier zu Grunde liegenden Sinne. Zweitens sticht das EU-Recht heraus, weil es eben keine duale Trennung kennt. EU-Recht ist supranationales Recht, welches die staatliche Souveränität der Mitgliedsstaaten partiell aufhebt. Die EU verfügt über Legislativorgane und einen Gerichtshof, der die rechtliche Zuständigkeit oberhalb des Nationalstaats erhebt und seit 1963 einen Anwendungsvorrang reklamiert. Zudem ist jeder EU-Bürger seit 1964 ein Rechtssubjekt und kann EU-Recht einklagen. Dabei müssen bei der EU zwei Rechtsarten unterschieden werden. Erstens das primäre Gemeinschaftsrecht, welches die EU-Verträge seit dem Gründungsvertrag der Europäischen Gemeinschaft für Kohle und Stahl (EGKS) sowie alle von der EU abgeschlossenen internationalen Verträge umfasst. Zweitens gibt es das sekundäre Gemeinschaftsrecht, d. h. alle Verordnungen, Richtlinien und Entscheidungen, die von den Gremien der EU erlassen wurden und für nationales Recht bindend sind.

3.3 Entwicklung der internationalen Rechtssysteme

3.3.1 Völkerrecht

Globales Völkerrecht war seit dem Zweiten Weltkrieg in erster Linie im Rahmen der Vereinten Nationen und ihrer Sonderorganisationen entwickelt worden, wobei viele Entwicklungsstränge fortgeführt wurden, die sich bereits im 19. und frühen 20. Jahrhundert etwa in den Bereichen des internationalen Verkehrsrechts, des internationalen Kriegsrechts, des Handelsrechts etc. gebildet hatten.

Seit den 1970er Jahren kamen zwei wesentliche Veränderungen hinzu. Die globalen Regulierungsregime für Gemeinschaftsgüter (Meere, Satelliten, Frequenzen, Umwelt) stellten einen neuen Regelungsbereich dar, der eine zunehmende Verbindlichkeit einfordern musste, was sich v. a. an Klimaabkommen zeigte, deren verschiedene Varianten zwischen 1992 bis 2015 aufgrund ihrer nachhaltigen Wirkung und der potentiellen Einschränkung nationaler Gestaltungsspielräume Schwierigkeiten besaßen, von den Staaten der Welt allgemein akzeptiert zu werden. Zweitens kann von einer Tendenz zur Fragmentierung des Völkerrechts seit Beginn der 1980er Jahren gesprochen werden. Durch die Zunahme an grenzüberschreitenden Kontakten und internationalen Organisationen nahmen auch die Rechtsquellen und die Regelungsbereiche zu, wodurch sich insgesamt die Regelungsdichte erhöhte. Im Bereich des Wirtschaftsrechts beispielsweise nahm das GATT Abkommen mit jeder Verhandlungsrunde an Umfang und Regulierungstiefe zu. Hinzu kamen viele weitere Spezialabkommen, von denen das GATS oder das TRIPS zu den prominentesten gehören, auf denen seit 1995 die WTO aufsattelt.

Mit der Verdichtung des internationalen Rechts nahm auch die normative Wirkung des internationalen Rechts schrittweise zu, die schließlich auf Anerkennung durch die Staaten basiert. Dies gilt besonders seit Ende des Kalten Krieges, da nun unterschiedliche Rechtsauffassungen oder Interpretationen minimiert wurden und die Akzeptanz von internationalem Recht sprunghaft anstieg. Gleichzeitig erhöhte sich auch die Anzahl der Kompetenz- und Normenkollisionen zwischen unterschiedlichen Bereichen internationalen Rechts. Mit der Zunahme von Rechtsnormenkonflikten ab den 1990er Jahren, die insbesondere von der Intensivierung des Welthandels hervorgerufen wurde, ging auch eine Entdeckung des Gewohnheitsrechts im Völkerrecht einher, wobei dessen Anerkennung und Durchsetzung noch schwieriger und umstrittener ist, als es das positive Völkerrecht ohnehin schon ist. Einer dieser Bereiche, der sich zunehmend gewohnheitsrechtlich organisiert, stellen die weltweiten Finanz- und Produktionskooperationen, u. a. von transnationalen Unternehmen dar. Diese unterwarfen sich auf den immer offeneren Weltmärkten seit den 1990er Jahren eigenen Regeln bzw. sie machten Anleihen etwa im New Yorker Finanzrecht. Zwar wirkten sich diese gewohnheitsrechtlichen Regeln durchaus normierend aus, dennoch riefen sie allmählich die Regierungen und die EU-Organe auf den Plan, regulierend einzugreifen, weil es eben auch um die Frage der demokratischen Legitimation von Recht geht. Ein weiterer Bereich ist der Schutz von Menschenrechten mittels Waffengewalt, der insbesondere als Legitimation der Militäreinsätze in Afghanistan, im Irak, in Libyen oder in Syrien herangezogen wurde, v. a. weil diese Einsätze im UN-Sicherheitsrat nicht die notwendige Einstimmigkeit fanden.

Inwiefern sich die Auflösung nationaler Rechtsordnungen im internationalen Kontext längst vollzogen hat, oder ob die Rechtsentwicklung noch auf dem Weg dorthin ist, muss für die diversen Rechtsbereiche und verschiedenen Staaten unterschiedlich beantwortet werden. Dass aber die Staatsverfassung der europäischen Staaten nur noch im Kontext der Völkerrechtsordnungen verstanden werden kann, und auch die wirtschaftlich-technische Entgrenzung den Nationalstaaten insbesondere seit den 1990er Jahren immer mehr die Möglichkeit der exekutiven Kontrolle nimmt, ist unbestritten. Sowohl die Regulierungsregime für globale Gemeinschaftsgüter als auch die Regulierung grenzüberschreitender Kommunikations- oder Finanzmärkte ist im Rahmen nationaler Rechtsordnungen nicht mehr möglich. Dies gilt für Europa umso mehr, als die europäischen Staaten und Regierungen bislang bei der Schaffung von Völkerrecht eine führende Rolle einnahmen. Innerhalb Europas weitet sich nämlich neben dem EU-Recht auch das Europarecht im weiteren Sinne aus. So formulierten die Abkommen des Europarats schon seit den 1950er Jahren etwa mit der Europäischen Sozialcharta oder der Europäischen Menschenrechtskonvention bedeutsame Rechtsgrundlagen Europas. Für die Zeit seit 1970 gilt es nur exemplarisch auf die Datenschutzrichtlinien von 1981, das Abkommen zum Schutz nationaler Minderheiten (1995) oder die vielfältigen Überarbeitungen der Menschenrechtsabkommen zu verweisen. Dazu kommen Abkommen europäischer Organisationen wie der Europäischen Konferenz der Post und Fernmeldeverwaltungen oder das 1985 ausgehandelte Schengen-Abkommen zwischen den BeNeLux-Staaten, Deutschland und Frankreich, welches erst in einem zweiten Schritt 1997 in EU-Rechts transformiert wurde.

Mit der zunehmend normierenden Wirkung des Völkerrechts haben sich in den 1990er Jahren die Debatten über dessen Weiterentwicklung intensiviert, wobei sukzessive auch die Frage der Strafgerichtsbarkeit auf die Agenda gesetzt wurde. Auslöser waren die humanitären Katastrophen der 1990er Jahre wie der Völkermord von Ruanda, das Massaker von Srebrenica und weitere Krisenherde, v. a. der Jugoslawien-Kriege. Mit ihnen wurde die Frage der Legitimität humanitärer Interventionen durch die Weltgemeinschaft kontrovers diskutiert. Es galt die Frage der Rechtmäßigkeit einer Intervention durch die Völkergemeinschaft zu klären, über die der UN Sicherheitsrat zu entscheiden hatte. Damit verbunden war auch ein fundamentaler Rechtsnormenkonflikt: Auf der einen Seite stand das Gewaltverbot der UN-Charta; auf der anderen Seite der völkerrechtliche Schutz der Menschenrechte mittels Waffengewalt. War das eine als positives Recht in der UN-Charta verankert, so leitete sich das andere allenfalls aus dem Gewohnheitsrecht ab. Es ging also um den Gegensatz von Menschenrechten und staatlicher Souveränität, d. h. dem Selbstbestimmungsrecht der Völker, welches immerhin das konstitutive Grundprinzip der Vereinten Nationen darstellte. Die Frage, ob die Vereinten Nationen – sozusagen als institutionelle Vertretung der gesamten Menschheit – ein Völkerrechtssubjekt mit Anklagerecht darstellen, und ob sie deshalb auch vom gemeinsamen Erbe der Menschheit sprechen darf, wird bis heute kontrovers diskutiert.

Die Massenmorde von Ruanda und Srebrenica führten der Weltgemeinschaft in der Mitte der 1990er Jahre deutlich vor Augen, dass der Kalte Krieg auch stabilisierend auf die Konflikte der Welt gewirkt hatte und nun neue Mittel und Wege gefunden werden mussten, um das Völkerrecht in Krisensituationen durchzusetzen. Die Ohnmacht der Bevölkerung wurde angesichts der Vielzahl der Opfer umso deutlicher und Zwang zum Handeln. Kamen beim Völkermord in Ruanda 1994 schätzungsweise 800.000 bis 1.000.000 Angehörige des Stammes der Tutsi ums Leben, so exekutierten Soldaten der Armee der Republika Srpska beim Massaker von Srebrenica im Juli 1995 ca. 8.000 bosniakische Männer und Jugendliche. Die Idee eines Strafgerichtshof, wie er schon in den Nürnberger Prozessen von 1945 realisiert worden war, wurde angesichts dieser Greueltaten wieder aufgegriffen, um die Täter anzuklagen.

Info 4: Massenmorde von Ruanda und Srebrenica

3.3.2 EU-Recht

Das aktuelle Primärrecht der Europäischen Union formierte sich zu Beginn in den 1950/60er Jahren als Wirtschaftsrecht. Es nahm seinen Ausgangspunkt 1952 in den Verträgen der EGKS und der EWG. Zur Errichtung des Europäischen Binnenmarkts wurden seinerzeit Grundregeln festgelegt, die einheitliche Wettbewerbsbedingungen nach innen schufen und einen positiven Beitrag zur Integration des europäischen Wirtschaftsraums leisten sollten. So ging es um die Vereinheitlichung von Aspekten des Wettbewerbsrechts, etwa im Bereich des Kartellrechts oder der Abschaffung von Beihilfen, sowie für einzelne Politikfelder wie den Agrarsektor oder den Verkehrssektor um eine komplette gemeinsame Rechtsordnung. Es wurden in den Gründungsverträgen aber nur grobe Grundlagen geschaffen, die über sekundäres Gemeinschaftsrecht, d. h. Legislativakte von EGKS, EWG und EG, in ein ausdifferenziertes Rechtssystem gegossen werden mussten, um tatsächlich regulierend zu wirken. Dass diese Ausdifferenzierung nur sehr unterschiedlich gelang und keineswegs eine lineare Erfolgsgeschichte erzählt, lässt sich am Verkehrsrecht verdeutlichen. Sollte im Bereich Verkehr eigentlich in den 1960er Jahren eine umfassende Verkehrsordnung verabschiedet werden, um so die wirtschaftliche Integration nach innen zu fördern – immerhin hängt jeglicher Handel von Gütern unmittelbar von deren Transport ab –, so scheiterten aus einer Vielzahl von Gründen sämtliche Bemühungen der EWG-Kommission bis in die 1980er Jahre hinein. Erst in der Folge einer erfolgreichen Untätigkeitsklage des Europäischen Parlaments vor dem Europäischen Gerichtshof gegen die EG-Kommission im Jahr 1983 setzte eine Intensivierung der Bemühungen um eine gemeinsame Verkehrsordnung ein, die dann in den 1990er und 2000er Jahren allmählich Gestalt annahm.

Im Januar 1983 reichte das Europäische Parlament beim Europäischen Gerichtshof eine Klage gegen Kommission und Rat wegen Untätigkeit bei der Herstellung der Dienstleistungsfreiheit im Verkehr ein. Nach Paragraph 175 des EWG-Vertrags durften alle Organe der Gemeinschaft eine Klage gegen Kommission und Rat einreichen, wenn sie eine Nichterfüllung vertraglicher Verpflichtungen befürchteten. Am 22. Mai 1985 verurteilte der Europäische Gerichtshof schließlich den Rat dafür, »unter Verletzung des Vertrags es unterlassen zu haben, eine Dienstleistungsfreiheit auf dem Gebiet des Verkehrs sicherzustellen.« Bereits im Juni 1985 legte die Kommission daraufhin in ihrem Weißbuch zur Vollendung des Binnenmarkts eine Reihe ordnungspolitischer Maßnahmen für den Verkehrssektor vor, die 27 Jahre nach Gründung der Gemeinschaft den Weg zu einem tatsächlich europäischen Verkehrsmarkt ebneten.

Info 5: EuGH Urteil Untätigkeitsklage im Verkehr von 1983

Die markantesten Erweiterungen des primären Gemeinschaftsrechts (Vertiefung und Ausdehnung der Rechtsordnung) vollzogen sich dann ab den 1980er Jahren mit den großen Vertragsänderungen wie der Einheitlichen Europäischen Akte (1986) sowie den Verträgen von Maastricht (1992), Amsterdam (1997), Nizza (2001) und Lissabon

(2007). Mit ihnen vertiefte und erweiterte sich das Primärrecht fundamental, wobei wesentliche Entwicklungsimpulse auch von außen an die EU herangetragen wurden, etwa durch die Entwicklungen im GATT oder dem Ende des Kalten Kriegs. So brachte die Einheitliche Europäische Akte (1986) das Forschungs- und Entwicklungsrecht, das Umweltrecht und das Kulturrecht. Der Vertrag von Maastricht führte, neben der Transformation der politischen Struktur und der Umbenennung in Europäische Union, das Subsidiaritätsprinzip ein, d. h. die rechtliche Zuständigkeit der EU gilt seitdem in Bereichen, die nicht ausschließlich EU-Recht sind, nur dann, wenn Maßnahmen auf unteren Ebenen nicht ausreichend verwirklicht werden können. Damit tätigte die EU einen weiteren entscheidenden Schritt hin zu einem integrierten Mehrebenensystem im Bereich des Rechts. Der Vertrag von Amsterdam überführte das Schengener Abkommen ins EU-Recht, wodurch sich der Schengen-Raum automatisch auf neue EU-Mitglieder ausweitete, aber auch die Bürger innerhalb der EU konnten die Inhalte des Schengener Abkommens fortan einklagen. Der Vertrag von Nizza etablierte eine Charta der Grundrechte der EU und führte erste rechtliche Regelungen in den Bereichen Asyl, Flüchtlings- und Einwanderungsrecht ein. Schließlich machte der Vertrag von Lissabon die EU zu einer Rechtspersönlichkeit, womit sie zum Völkerrechtssubjekt wurde und seitdem völkerrechtliche Verträge abschließen kann.

Die mit den Vertragsrevisionen einhergehende inhaltliche Erweiterung der EU-Rechtsordnung und ihre konsequente Verwebung mit den darunterliegenden Rechtsordnungen, v. a. dem nationalstaatlichen Recht, rief spätestens mit dem gescheiterten Verfassungsvertrag im Jahr 2005 die Frage nach den (erwünschten und unerwünschten) Grenzen des EU-Rechts auf. Nicht nur die Kritiker der EU meldeten sich zu Wort, sondern auch die Normenkonflikte nahmen zu. Dass es zu Konflikten bei der Erweiterung der EU-Rechtsordnung und Abstimmungsschwierigkeiten mit nationalstaatlichem Recht kam, ließ sich in der Praxis kaum vermeiden, blicken die einzelnen Mitgliedsstaaten der EU doch auf lange historische Rechtstraditionen zurück. Die Erweiterung des Primärrechts zwang also die Organe der Gemeinschaft zunehmend, durch Legislativakte (Sekundärrecht) die unterschiedlichen Rechtsordnungen in Einklang zu bringen. In der Bundesrepublik sprach das Bun-

Abb. 5: Hans-Dietrich Genscher und Theo Waigel unterzeichnen den Vertrag von Maastricht für die Bundesrepublik.

desverfassungsgericht 2009 sogar das sog. Lissabon-Urteil, in dem die Vereinbarkeit von EU-Recht mit dem deutschen Verfassungsrecht überprüft wurde, nachdem einige Abgeordnete des Bundestags sich ihrer parlamentarischen Rechte beraubt sahen. Das Bundesverfassungsgericht erkannte 2009 die wachsende rechtliche Gestaltungsmacht der EU offiziell an, betonte aber die fortdauernde Souveränität der Bundesrepublik.

Neben der qualitativen Veränderung des EU-Rechts wuchs freilich mit jeder Erweiterungsrunde der EU auch dessen Anwendungsraum, so dass sich in Europa seit den 1970er Jahren insgesamt ein Prozess vollzog, der aus einer supranationalen Rechtsordnung für sechs westeuropäische Staaten im Bereich Wirtschaft eine komplexe, viele Regelungsbereiche umfassende Rechtsordnung schuf, die inzwischen in 28 Staaten Europas Gültigkeit besitzt. Der sog. acquis communitaire, d. h. alle Rechtsakte der Europäischen Union, die automatisch von jedem neuen Mitgliedsstaat in nationalstaatliches Rechts transformiert werden müssen, betrug bereits im Jahr 2004 ca. 85 000 Seiten.

3.4 Internationale Rechtsprechung

Mit der Schaffung einer immer komplexeren internationalen Rechtsordnung waren schon im 19. Jahrhundert erste Überlegungen angestellt worden, wie in Konfliktfällen Recht ausgelegt bzw. gesprochen werden sollte. Da im internationalen Recht grundsätzlich das Prinzip der nationalstaatlichen Souveränität gilt, bildeten sich allmählich Schiedsinstanzen etwa in Form von Moderationsverfahren im Rahmen der internationalen Abkommen oder die Schiedsgerichtsbarkeit in Den Haag heraus. Erste tatsächliche Gerichtshöfe entstanden dann als Reaktion auf qualitative Veränderungen der Rechtsordnungen im 20. Jahrhundert.

3.4.1 Völkerrecht

Im Zentrum der internationalen Rechtsprechung im Rahmen des Völkerrechts stand nach 1970 zunächst der seit 1946 in Den Haag sitzende Internationale Gerichtshof (IGH), der eine kontinuierliche Fortsetzung des Ständigen Internationalen Gerichtshofs unter dem Dach der Vereinten Nationen darstellte. Der Internationale Gerichtshof basierte grundsätzlich auf einer breiten Basis der UN-Mitglieder, aber die Zuständigkeit des Gerichts hing von Beginn an von der Anerkennung durch die beteiligten Staaten ab, die je nach Rechtsbereich variierte. So bestand der prominenteste Vorbehalt gegen den Gerichtshof durch die USA, die zwischen 1946 und 1986 alle Fälle ablehnten, die ihrer Meinung nach besser vor einem US-Gericht verhandelt worden seien. Die Staaten schützten sich generell vor Anklagen durch internationale Organisationen, denen nur das Recht zugestanden wurde, Schiedsgutachten anfordern zu dürfen. Seit dem Ende des Kalten Kriegs ist aber ein zunehmender Trend zu generellen Unterwerfungserklärungen erkennbar, d. h. Staaten erklären sich dazu bereit, vom Internationalen Gerichtshof permanent angeklagt werden zu können, aber auch jederzeit anklagen zu können. Insbesondere die europäischen Staaten haben sich seit den 1990er Jahren zunehmend den Urteilsprüchen des Internationalen Gerichtshof unterworfen, was auch daran liegt, dass in Europa durch den Europäischen Gerichtshof die internationale Rechtsprechung an Bedeutung und Akzeptanz gewonnen hat. Zwar sind die Urteile und Schiedssprüche des Internationalen Gerichtshofs nicht sehr zahlreich, dennoch lässt sich eine kontinuierliche Zunahme seiner Tätigkeit erkennen. Riefen in den 1970er Jahren noch durchschnittlich ein bis zwei Staaten pro Jahr den IGH an, so stieg deren Zahl seit der Jahrtausendwende auf immerhin vier bis fünf.

Neben dem Internationalen Gerichtshof, der grundsätzlich für alle Rechtsbereiche offensteht, haben sich eine ganze Reihe unterschiedlicher Schiedsgerichtverfahren für einzelne Rechtsbereiche herausgebildet, die jeweils angerufen werden können. So gab es im Wirtschaftsrecht im Rahmen des GATT seit 1979 ein aus dem Gewohnheitsrecht entwickeltes Verfahren zur Streitschlichtung, welches aber nur selten angewendet worden ist. Dies änderte sich mit der Gründung der WTO, die seit 1995 ein institutionalisiertes Verfahren der Streitschlichtung, das sog. Dispute Settlement Body, besitzt. Zwar waren die Mitgliedsstaaten der WTO weiterhin als Herren der Verträge nicht direkt sanktionierbar, dennoch nahm die normative Verbindlichkeit der Entscheidungen ebenso wie ihre Zahl deutlich zu. Alleine in den ersten 10 Jahren seiner Existenz wurden 325 Streitfälle vorgebracht. Die WTO spricht aber keine Strafen aus, sondern empfiehlt ihren Mitgliedern Anpassungen vorzunehmen, die aber in der Regel von den Staaten akzeptiert werden. Dazu gehören seit den 2000er Jahren in zunehmendem Maße sensible Schiedssprüche in Grenzbereichen zwischen dem Schutz des geistigen Eigentums nach dem TRIPS-Abkommen, v. a. Patente an Generika, und den Bedürfnissen ärmerer Staaten diese Mittel für humanitäre Zwecke günstig einkaufen zu können.

Innerhalb Europas hat sich seit den 1970er Jahren der in Straßburg ansässige Europäische Gerichtshof für Menschenrechte als eine wichtige Instanz internationaler Rechtsprechung etabliert. Ursprünglich war dieser 1959 von den damals vornehmlich westeuropäischen Mitgliedern des Europarats gegründete Gerichtshof als Teil eines Schutzsystems zur Überwachung der Europäischen Menschenrechtskonvention eingesetzt worden. Seine Aufgabe bestand darin, im Auftrag der Europäischen Kommission für Menschenrechte oder eines betroffenen Staates nach Vorlage eines Prüfberichts der Kommission ein Urteil zu fällen. Zunächst war der Gerichtshof keine permanente Instanz und auch seine Urteile begrenzten sich bis Mitte der 1970er Jahre auf ein bis zwei pro Jahr. Seitdem erweiterten sich sowohl die Definition von Menschenrechten als auch die Klagemöglichkeiten. Erstens weitete sich der Gerichtshof nach dem Ende des Kalten Kriegs auf ganz Europa mit den Ausnahmen Weißrussland und Albanien aus. Zweitens wurde 1994 die Individualbeschwerde eingeführt, nach der jede natürliche Person und auch nichtstaatliche Organisationen den Gerichtshof anrufen können. Drittens wurde 1998 der Europäische Gerichtshof für Menschenrechte zu einem permanenten Gericht ausgebaut, der über zwei Kammern verfügt, ganzjährlich tagt und hauptamtliche Richter besitzt. Viertens verpflichteten sich alle Mitgliedsstaaten, die Urteile des Gerichtshofs zu befolgen. Mit den strukturellen Reformen ging eine sprunghafte Zunahme der Klagen einher. Wurde der Gerichtshof noch 1981 insgesamt 400-mal angerufen, so lagen im Jahr 2007 ca. 40 000 neue Klagen vor. In den Klagen vor dem Gerichtshof spiegelte sich deutlich der Ausbau der nationalstaatlichen Verfassungsgerichtsbarkeit wieder, da die Mehrheit der Klagen aus europäischen Staaten mit eher gering entwickelter Verfassungsgerichtsbarkeit kamen. So entfielen 2007 26 % auf Russland, 12 % auf die Türkei und 3 % auf die Bundesrepublik.

Mit der Verdichtung des internationalen Rechts und der zunehmenden Bedeutung der Menschenrechte als allgemein gültige Rechtskategorie und Schlüsselkonzept der internationalen Politik gewann die internationale Strafgerichtsbarkeit seit dem Ende des Kalten Kriegs an Bedeutung, u. a. im Kontext der Frage um die Durchsetzung von Kriegsrecht. Der Ausbau des Völkerrechts zu einem Völkerstrafrecht, der sich insbesondere in den 1990er Jahren vollzog, bedeutete einen qualitativen Sprung. Zwar hatten bereits die Nürnberger Kriegsverbrecherprozesse von 1945 bis 1949 einen ersten Schritt in diese Richtung dargestellt, der dann aber nicht fortgeführt wurde, weil er vom Kalten Krieg überlagert worden war. Ganz entscheidende Motoren hinter der Etablierung des Strafgerichtshofs waren die europäischen Staaten und ihre Regierungen, die nicht länger vom Konsens im Sicherheitsrat abhängig sein wollten, sowie Menschenrechtsbewegungen der 1980er

Jahre, die sich gegen die Straffreiheit der Protagonisten ehemaliger Diktaturen in Südamerika und Portugal aussprachen. Sie formierten sich schließlich 1995 als zivilgesellschaftliche Interessengruppe Coalition for an International Criminal Court.

Der Ausbau der internationalen Strafgerichtsbarkeit war ebenso Teil einer generellen Diskussion über die Rechtmäßigkeit humanitärer Interventionen durch die Völkergemeinschaft. In den 1990er Jahren wurde das Konzept vom UN-Sicherheitsrat aufgegriffen und per Beschluss spezifische Strafgerichtshöfe für Kriegsverbrechen und Völkermorde in Jugoslawien und Ruanda eingerichtet. Waren diese zunächst ad hoc Konstrukte mit einer jeweils sehr spezifischen Aufgabe, so folgte 1998 die Errichtung des Internationalen Strafgerichtshofs als permanente Einrichtung durch einen völkerrechtlichen Vertrag, das sog. Rom-Statut. Nach der Präambel des Statuts umfasste der Aufgabenkatalog des Internationalen Strafgerichtshofs die Befassung mit vier Kernverbrechen, die zunächst nicht alle eindeutig definiert werden konnten: Völkermord, Verbrechen gegen die Menschlichkeit, Kriegsverbrechen und das Verbrechen der Aggression, welches inhaltlich vage blieb und Anlass kontroverser Diskussionen wurde. Zwischen 2003 und 2009 tagte eine spezielle Arbeitsgruppe, um den Tatbestand der Aggression inhaltlich zu definieren, was aber nur bedingt gelang, da aufgrund der völkerrechtlichen Grauzonen zwischen den Tatbeständen der Aggression, der humanitären Intervention und der präventiven Selbstverteidigung kaum objektive Kriterien gefunden wurden.

Der Strafgerichtshof war zu Beginn nur bedingt global, weil er nur bei solchen Staaten zuständig sein durfte, die auch das Statut unterzeichnet und ratifiziert hatten. Wenngleich sich immer mehr Staaten dem Strafgerichtshof unterwarfen, fehlten weiterhin die USA, China, Indien, Nordkorea oder auch die Türkei. Insbesondere die USA erwiesen sich als ein harter Gegner des Internationalen Strafgerichtshofs, da sie sogar den US-Behörden jegliche Kooperation untersagten. Die USA sahen einerseits militärische Geheimnisse gefährdet, andererseits kritisierten sie aber auch die fehlende präzise Definition des Verbrechens der Aggression und die fehlende Weisungsgebundenheit der Ankläger. Während im nationalen Strafrecht der Staatsanwalt immerhin dem Justizminister gegenüber verantwortlich ist, so fehlte eine ähnliche Instanz beim Strafgerichtshof. Auch wenn die internationale Strafgerichtsbarkeit seit den 1990er Jahren ein dynamischer Bereich bleibt, so ist sie auch ein Bereich, der deutlich die Akzeptanzgrenzen internationaler Rechtsprechung aufzeigt. Die Nationalstaaten sind souveräne Völkerrechtsobjekte, die sich der internationalen Rechtsprechung letztlich nur freiwillig unterwerfen. Gleichwohl ist auch die internationale Strafgerichtsbarkeit nach dem Strukturprinzip der nationalstaatlichen Souveränität und der Vorstellung einer Sphäre der Zwischenstaatlichkeit verpflichtet. So ergab sich zwischen 2006 und 2012 ein international bedeutsamer Präzedenzfall, der nochmals deutlich den Rechtsgrundsatz der Staatenimmunität gegenüber Einzelpersonen unterstrich, als Hinterbliebene von NS-Kriegsverbrechen versuchten, die Bundesrepublik auf Schadensersatz zu verklagen. Sowohl in Italien als auch in Griechenland hatten diese vor nationalen Gerichten erfolgreich Entschädigungszahlungen als Wiedergutmachung zugesprochen bekommen, welche die Bundesrepublik nicht bereit war, zu zahlen. Sowohl der Europäische Gerichtshof für Menschenrechte als auch der Internationale Strafgerichtshof stützten in ihren Urteilen die Position der Bundesregierung. Die Staatenimmunität, so das Urteil der Richter, sei ein Eckpfeiler der internationalen Ordnung und grundlegende Voraussetzung für das Miteinander der Staaten. Mit dem Urteil wurde auch generell ausgeschlossen, dass Einzelpersonen wegen Kriegsverbrechen gegen souveräne Staaten vor Gericht ziehen konnten.

3.4.2 Europäischer Gerichtshof

Im Gegensatz zu den über das Völkerrecht urteilenden Gerichtshöfen spricht der EuGH auf der Basis von supranationalem Recht direkt bindende Urteile. Der EuGH war bereits 1952 mit der EGKS eingesetzt worden und erweiterte seine Zuständigkeit mit der EWG und deren allmählicher Ausdehnung ihrer Zuständigkeitsbereiche. Der in Luxemburg ansässige EuGH erwies sich von Beginn seiner Tätigkeit an als ein wichtiger Motor der Rechtsentwicklung der EU, da er durch seine Urteile gleichermaßen Recht auslegte wie auch nach innen in der Rechtsumsetzung vereinheitlichend wirkte. Für das EU-Recht fundamentale Urteile fällte der EuGH bereits 1963 und 1964 als er den EWG-Bürger zum Rechtssubjekt erhob und den Vorrang von Gemeinschaftsrecht vor nationalem Recht festlegte. Entscheidend an diesen Urteilen war die explizite Anerkennung durch die Mitgliedsstaaten, die sich damit freiwillig der Rechtsprechung des EuGHs unterwarfen.

Abb. 6: Der Europäische Gerichtshof in den 1970er Jahren

Der EuGH kennt grundsätzlich zwei Verfahrensarten. Erstens das Vertragsverletzungsverfahren, bei dem direkt gegen Vertragsbrüche geklagt wird, und zweitens das Vorabentscheidungsverfahren. Bei diesem können und müssen nationalstaatliche Gerichte, sofern sie die höchste Instanz darstellen, sich an den EuGH wenden, um die Vereinbarkeit nationalen Rechts und nationaler Rechtsprechung mit EU-Recht abzuklären. Das direkte Klagerecht beim EuGH besitzen die EU-Organe und die Mitgliedsstaaten. Jeder EU-Bürger kann aber indirekt über das Vorabentscheidungsverfahren den EuGH anrufen.

Der Ausbau der EU-Rechtsprechung ging einher mit der beschleunigten Vertiefung und Erweiterung der EU ab den 1980er Jahren. Die wachsende Aufgabenfülle führte im Oktober 1988 zur Schaffung eines Gerichts erster Instanz, dem heutigen Europäischen Gericht, um den EuGH zu entlasten. Damit entstand ein zweistufiges europäisches Gerichtssystem, in dem der EuGH ein Revisionsrecht über die untergeordneten Instanzen erhielt. Die innere Ausdifferenzierung der Europäischen Gerichtsbarkeit setzte sich im Jahr 2001 fort, seitdem Fachgerichte eingesetzt werden durften, um die gestiegene Arbeitsbelastung zu bewältigen. Damit war gleichzeitig ein dreistufiges Gerichtssystem entstanden. Das Gericht für den öffentlichen Dienst der EU folgte im Jahr 2005, um Klagen zwischen der EU und ihren Beamten zu verhandeln. Um der weiterhin wachsenden Klageflut, v.a. im Wirtschaftsrecht, Herr zu werden, ist zudem eine Diskussion um die Errichtung von Fachgerichten für das Immaterialgüterrecht und das Wettbewerbsrecht losgetreten worden, nachdem zwischenzeitlich das Europäische Gericht selber angeklagt worden ist, weil seine Urteilsfindung aufgrund der Arbeitsbelastung zu lange dauerte.

Die Urteile des EuGHs haben sich neben den Legislativakten und den Vertragsrevisionen als bedeutsame Motoren der innereuropäischen Verhältnisse in Wirtschaft, Politik und Gesellschaft erwiesen, was hier an drei Beispielen verdeutlicht werden soll.

›Cassis de Dijon‹-Urteil (1979): Im Jahr 1979 verklagte die Handelsgruppe REWE die Bundesmonopolverwaltung für Branntwein, die den Verkauf des französischen Johannesbeerenlikörs verbieten wollte, weil dieser mit 20 % nicht dem gängigen Alkoholgehalt von 32 % in der BRD entsprach. Das zuständige Hessische Finanzgericht wandte daraufhin das Vorabentscheidungsverfahren des EuGHs an, der das Verbot als nicht vereinbar mit der europäischen Warenverkehrsfreiheit ansah. Seitdem sind die Mitglieder der EU gezwungen, generell wechselseitig nationale Produktstandards anzuerkennen, womit ein radikaler Abbau nicht-tarifärer Handelshemmnisse verbunden war.

›Bosman‹-Urteil (1995): Der Profi-Fußballer Jean-Marc Bosman klagte 1990 vor einem belgischen Gericht gegen seinen ehemaligen belgischen Fußballclub RFC Lüttich, weil seiner Meinung nach der Verein seine Ablösesumme nach Vertragsende zu hoch angesetzt habe und er deshalb nicht zu einem anderen Club wechseln konnte. Bosman sah sich hierdurch in seiner Arbeitnehmerfreizügigkeit eingeschränkt. Das belgische Gericht urteilte im Sinne Bosmans. Allerdings legte der belgische Fußballverband Berufung gegen das Urteil ein, woraufhin der Richter der nächsthöheren Instanz ein Vorabentscheidungsverfahren beim EuGH einleitete. Zwar protestierten der Europäische Fußballverband (UEFA) und der Weltfußballverband (FIFA) gegen die Anrufung des EuGHs mit dem Argument, dass Sportvereine keine Wirtschaftsunternehmen seien, jedoch lehnte der EuGH diese Einsprüche ab. Stattdessen urteilte er am 15. Dezember 1995, dass Profifußballer normale Arbeitnehmer seien und somit innerhalb der EU nach Vertragsende ablösefrei wechseln dürften. Gleichzeitig verbot er die seinerzeit in vielen nationalen Ligen vorherrschende Kontingentierung von ausländischen Spielern in einer Mannschaft, die als nicht vereinbar mit der Arbeitnehmerfreizügigkeit innerhalb der EU angesehen wurde. Das Bosman-Urteil, welches praktisch in allen Sportarten Anwendung fand, sorgte für einen enormen Professionalisierungs- und Kommerzialisierungsschub im Sport.

›Kreil‹-Urteil (2000): Die deutsche Elektronikerin Tanja Kreil klagte im Jahr 2000 gegen das deutsche Soldatengesetz, nach dem Frauen bei der Bundeswehr lediglich in den Sanitäts- und Musikdienst berufen werden durften. Eine Einstellung von Frauen in die Laufbahn der Truppenteile war strengsten verboten, auch weil das deutsche Grundgesetz nach Artikel 12a Frauen vom Dienst an der Waffe ausschloss. Kreil sah in der deutschen Rechtslage einen Widerspruch zur Zweiten Gleichstellungsrichtlinie der EWG von 1976, nach der »keine unmittelbare oder mittelbare Diskriminierung auf der Grundlage des Geschlechts« erfolgen durfte. Der EuGH urteilte schließlich, dass das deutsche Grundgesetz nicht mit der EU-Richtlinie vereinbar sei und deshalb auch Frauen der Dienst an der Waffe erlaubt werden müsse. Das Urteil wurde sehr kontrovers diskutiert, weil der EuGH damit zum einen in nationales Grundgesetz eingriff und zum anderen mit der Verteidigung in ein Politikfeld eingriff, welches nicht im EU-Recht verankert war und vielfach als Kernbestand nationalstaatlicher Souveränität gesehen wurde. Nichtsdestotrotz beugte sich die Bundesregierung dem Urteil, so dass zum 1. Januar 2001 die ersten 244 Frauen den Dienst in den Truppenteilen der Bundeswehr antreten konnten.

Neben einer Reihe von zentralen Urteilen fällt dem EuGH auch eine permanente Überwachungsfunktion im Alltag des EU-Rechts zu. So urteilte er im Januar 1986 beispielsweise, dass er bzw. die EG-Organe für die direkte Besteuerung von Unternehmen kontrollierend tätig werden könne, um so den Steuerwettbewerb innerhalb des Binnenmarkts zu gewährleisten. Immerhin hat der EuGH auf dieser Basis mittlerweile mehr als 100 Urteile gesprochen und sich als Garant des Steuerwettbewerbs erwiesen.

3.5 Fazit

Seit den 1970er Jahren hat sich das internationale Recht enorm ausgeweitet. Insbesondere in Europa ist der nationalstaatliche Rechtsraum fundamental transformiert und in europäische Mehrebenensysteme der Rechtsordnung und der Rechtsprechung eingebettet worden. Damit spiegelt das Recht die zunehmende Entgrenzung und Vernetzung in Politik, Wirtschaft, Technik und Gesellschaft in Europa wie auch weltweit wieder. Überbelastungen der bestehenden Rechtssysteme – wie auch der politischen Entscheidungsorgane – nahmen kontinuierlich zu und erwiesen sich mehrfach als Ursache der Ausdifferenzierung bzw. der Erweiterung von Rechtssystemen. Damit einher ging eine Hebung der normativen Bindung und der Akzeptanz von internationalem Recht. Europa bzw. die Europäische Union stellte nicht nur eine weltweit einmalige Rechtsgemeinschaft dar, sondern fungierte auch als Motor des globalen Völkerrechts. Ob aber das Völkerrecht im 21. Jahrhundert in ein supranationales ›Weltrecht‹ ähnlich dem EU-Recht transformiert wird, bleibt angesichts globaler Heterogenität abzuwarten.

4 Wirtschaft

4.1 Vorbemerkungen

Die Wirtschaft ist ein sehr komplexer Bereich, der vielfältige Interdependenzen mit anderen Bereichen aufweist. Besonders das Phänomen der Globalisierung wird zumeist als ein wirtschaftliches betrachtet und mit entgrenzten Märkten und weltwirtschaftlichen Verflechtungen gleichgesetzt. Dies gilt ebenso für die Europäische Union, die zwar sehr komplex und vielschichtig ist, dennoch oft als – zumindest in ihrem Kern – ein großer Binnenmarkt wahrgenommen wird. Deshalb sind in diesem Band Aspekte wie das Wirtschaftsrecht oder auch die Bedeutung neoliberaler Staats- und Wirtschaftsreformen bereits in den Kapiteln Recht und Staat angeschnitten worden. Ebenso sind grenzüberschreitende Logistikketten oder Kommunikationseinrichtungen, die eine elementare Grundlage wirtschaftlicher Entwicklung und Verflechtung darstellen, bereits im Kapitel Technik behandelt worden.

Im Folgenden wird der Bereich Wirtschaft vor allem aus zwei Perspektiven betrachtet. Erstens aus einer volkswirtschaftlichen Blickrichtung grenzüberschreitender Märkte und deren Funktionsbedingungen. Dabei werden die konjunkturellen Entwicklungen sowie die strukturellen Veränderungen europäischer Wirtschaft(en) und davon insbesondere der Euro als Gemeinschaftswährung sowie das Verhältnis von Staat und Wirtschaft im Vordergrund stehen. Zweitens werden grenzüberschreitende Unternehmen betrachtet, die sowohl als eine Folge der strukturellen Veränderungen wie auch als deren Katalysator einzustufen sind. Ziel dieses Kapitels ist, zu zeigen, dass sich die europäischen Volkswirtschaften im globalen Umfeld seit den 1970er Jahren radikal wandelten und sich fundamentale Veränderungen der europäischen Wirtschaftsordnung(en) vollzogen. Letztlich wird es auch um die Frage gehen, ob europäische Volkswirtschaften sich im globalen oder europäischen Raum zunehmend auflösen.

4.2 Konjunkturelle Entwicklungen und wirtschaftliche Verflechtungen im Überblick

4.2.1 1970er und 1980er Jahre

In den 1970er Jahren setzte in Westeuropa nach zwei Jahrzehnten des Nachkriegsbooms zunächst eine Phase der Ernüchterung ein. Jährliche Inflationsraten von mitunter mehr als 10 % bei gleichzeitig rückläufigem Wachstum, d. h. eine Stagflation, sowie eine steigende Arbeitslosigkeit ließen nicht nur den Optimismus der 1950er und 1960er Jahre vielfach schwinden, sondern erwiesen sich auch als resistent gegen die konjunkturpolitischen Maßnahmen einer keynesianisch geprägten Wirtschaftspolitik. Staatliche Förderungs- und Steuerungsprogramme zeigten keine Wirkung mehr und verschärften die Krise sogar noch zusätzlich. Eine Reihe von Gründen lassen sich für die Krisen der 1970er Jahre anführen, darunter vornehmlich das Wegbrechen von zwei Trägern der westeuropäischen Konjunktur nach dem Zweiten Weltkrieg: die stabilen unterbewerteten Währungen und der billige Energieträger Erdöl. Erstens gerieten viele europäische Währungen, die im festen Wechselkurssystem von Bretton-Woods unterbewertet gewesen waren und damit Exporte massiv begünstigt hatten, nun in Abwertungsspiralen. Zweitens erhöhte der stufenweise Anstieg des Ölpreises im Zuge der Ölkrisen in Europa die Produktionskosten: 1973 vervierfachten sich die Preise, um sich 1979 zu verdreifachen. Hatten sich die Wirtschaften Europas stark auf Erdöl als Energiequelle fokussiert und mehr als 50 % der benötigten Energie hieraus gewonnen, so traf sie die Preiserhöhung besonders hart. Kam noch die sich verschärfende Konkurrenz durch Japan oder sich industrialisierende Staaten wie Südkorea oder Taiwan auf den immer offeneren Weltmärkten obendrauf, so sorgten diese Faktoren im Zusammenspiel für sinkendes Wachstum, rückgehende Investitionen, Inflation und eine Reihe von Zahlungsproblemen. Bis in die frühen 1980er Jahre hinein sank der Anteil der Mitgliedsstaaten der Europäischen Gemeinschaft am Welthandel von 45 % auf 37 %.

In den 1980er Jahren erholten sich die westeuropäischen Wirtschaften mehrheitlich und die Dynamik der Nachkriegszeit kehrte zurück. Gleichwohl blieben die traditionellen Industriezweige Kohle und Stahl die Sorgenkinder der europäischen Wirtschaft. Im intersektoralen Strukturwandel, der die europäischen Wirtschaften ergriff, gerieten sie immer mehr ins Hintertreffen, v. a. weil die Konkurrenz aus Asien oder Amerika billiger produzieren konnte. Generell kehrte aber der Glaube an wirtschaftliche Prosperität und erneutes Wirtschaftswachstum zurück. Die hohe Verfügbarkeit von Kapital auf immer offeneren Märkten sorgte für Investitionen und Wachstum. Die Digitalisierung und mit ihr neue Industrien, etwa im Bereich der Datenverarbeitung, versprachen neue Märkte zu erschließen, wenngleich das Schlagwort der ›Technologielücke Europas‹ gegenüber Asien und Nordamerika eine Warnung war. Sinnbildlich für neuen Optimismus standen neoliberale Reformen und der Traum eines Silicon Valley in Europa.

Seit den 1970er Jahren nahmen auch die weltwirtschaftlichen Verflechtungen kontinuierlich zu, d. h. grenzüberschreitende Interaktionen wuchsen seitdem stärker als die nationalen Volkswirtschaften. Erstmals wurde 1973 auch wieder der weltwirtschaftliche Verflechtungsgrad erreicht, der vor dem Ausbruch des Ersten Weltkriegs im Jahr 1914 bestanden hatte. War dabei in den 1970er Jahren noch die Frage offen, ob es im Zuge der Dekolonialisierung zu neuen Ausprägungen der weltwirtschaftlichen Verflechtung kommen würde, so erwiesen sich die 1980er Jahre als entscheidend für den Fortbestand der traditionellen Strukturen der Welthandelsbeziehungen, in denen der Hauptanteil auf Nordamerika, Europa und Ostasien fiel.

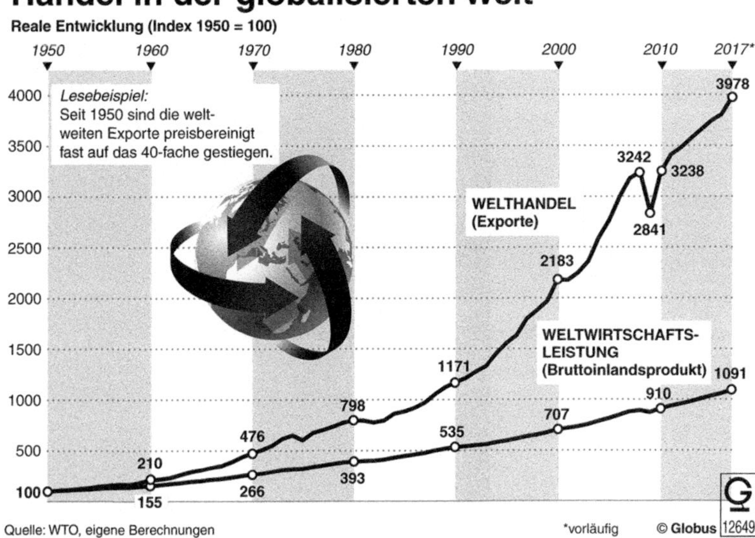

Abb. 7: Die Entwicklung des Welthandels (1970–2015)

In den osteuropäischen Staaten intensivierten sich die wirtschaftlichen Schwierigkeiten in den 1970er Jahren, da die Ölkrise die wirtschaftlichen Rahmenbedingungen radikal änderte. Zunächst einmal bevorteilte der hohe Ölpreis die sozialistischen Wirtschaften, da sich die Mitgliedsstaaten des RGW statt umfassende Umstrukturierungen vornehmen zu müssen, auf sowjetische Öllieferungen verlassen konnten, die unter dem Weltmarktpreis angeboten wurden. Ließen sich so die strukturellen Defizite der sozialistischen Planwirtschaften in den 1970er Jahren noch partiell überdecken, so kurbelte der Verfall des Ölpreises in den 1980er Jahren von 40 $ pro Barrel auf weniger als 10 $ den Verfall der sozialistischen Wirtschaften an. Der auch in den Westen erdölexportierenden Sowjetunion brachen dadurch massive Einnahmen weg, die auch für die notwendigen Importe benötigt wurden. Trotz Wirtschaftsreformen (Perestroika) wuchs das Staatsdefizit der Sowjetunion von 12,8 Milliarden Rubel (1985) auf 80,6 Milliarden Rubel (1988). Dies hatte freilich markante Rückwirkungen auf den gesamten RGW-Raum, war die Sowjetunion doch der Stabilisator des osteuropäischen Außenhandelssystems gewesen. Mangelhafte internationale Konkurrenzfähigkeit sorgte in den 1980er Jahren immer mehr dafür, dass notwendige Importe nicht mehr gegenfinanziert werden konnten und sich Handelsdefizite auftürmten, die mit dazu beitrugen, dass die Staaten des Ostblocks in die Zahlungsunfähigkeit abrutschten.

4.2.2 1990er und 2000er Jahre

Die 1990er und frühen 2000er Jahren sahen eine weltweite Dynamik auf offenen globalen Märkten, in denen der weltweite Warenexport um 86 % anstieg. Die Zahl der international gehandelten Güter wuchs doppelt so schnell wie die internationale Produktion. Binnen fünfzehn Jahren verfünfzehnfachten sich nach 1990 die Direktinvestitionen im Ausland von 1,8 auf 26 Billionen Dollar. Auf deregulierten und liberalisierten Weltmärkten stieg der grenzüberschreitende Güter- und Kapitalverkehr rasant an und sorgte für einen Grad weltwirtschaftlicher Verflechtung, wie er zuvor unvorstellbar gewesen war.

Globale Disparitäten prägten die weltwirtschaftliche Entwicklung. So vollzog sich der Handel primär zwischen Europa, Nordamerika und Ostasien. Insbesondere die sogenannten Tigerstaaten Ostasiens (Südkorea, Thailand, Malaysia, Indonesien oder die Philippinen) oder auch China gliederten sich als tragende Pfeiler in die globale Handelsstruktur ein. Nichtsdestotrotz fand der globale Handel weiterhin zu 80 % zwischen 25 Staaten statt. Die 1990er Jahre waren auch das Jahrzehnt des überdimensionalen Wachstums deregulierter Finanzmärkte. Alleine der Aktienhandel stieg von 5,7 Billiarden Dollar auf (1990) auf 49,8 Billiarden Dollar (2000). Der ›globale Süden‹ blieb weitgehend außen vor, wenngleich sich einzelne Staaten wie Venezuela auf dem Rücken von Erdölexporten temporäre Prosperitätsphase erarbeiten konnten. Gleichzeitig zeigten die 1990er und 2000er Jahre deutlich, dass regionale Wirtschaftsverbünde wie die Europäische Union enorm bedeutsam blieben, weil der größte Teil des internationalen Handels innerhalb dieser Verbünde, wie etwa auch des südamerikanischen Mercosur stattfand.

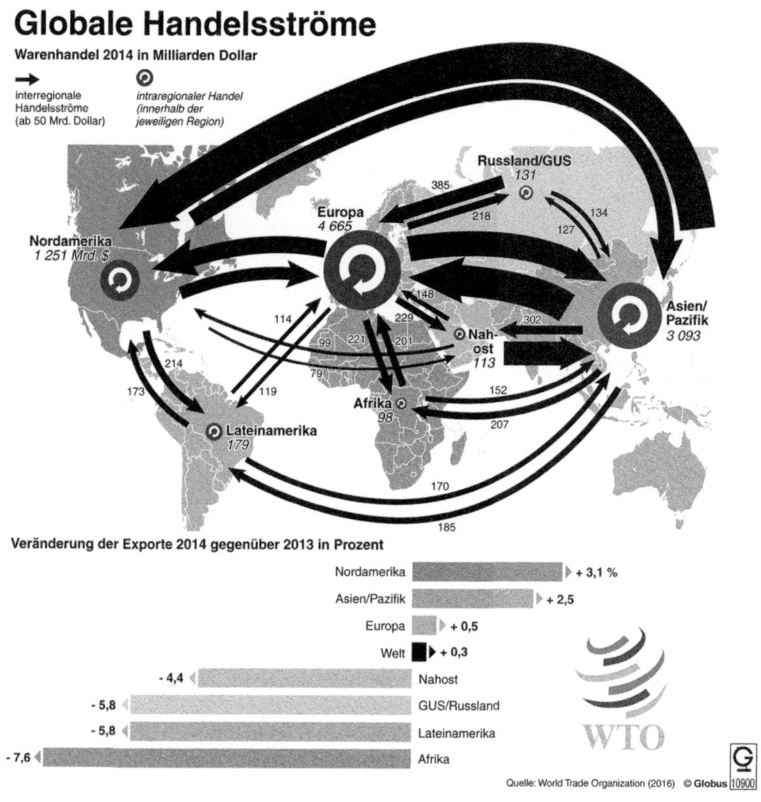

Abb. 8: Globale Handelsströme

Freilich erfolgte die Zunahme der weltwirtschaftlichen Verflechtungen und die konjunkturelle Entwicklung weder parallel noch verlief sie linear, sondern wies immer wieder Unterbrechungen durch Krisen auf. Der Zusammenbruch des Europäischen Währungssystems und die Banken- und Finanzkrisen in England und Skandinavien zu Beginn der 1990er Jahre oder auch das Platzen der Dotcom-Blase im März 2000, als überbewertete Internet- und Telekommunikationsunternehmen an den Börsen zusammenbrachen, beeinflussten konjunkturelle Entwicklungen negativ. Von einem einheitlichen europäischen Konjunkturverlauf kann ohnehin keine Rede sein. Sowohl innerhalb der EU-Staaten wie auch der osteuropäischen Transformationsstaaten klafften erhebliche Entwicklungslücken. Insbesondere litten die osteuropäischen Staaten, die sich nach dem Ende des Sozialismus in die gesamteuropäische Wirtschaft eingliederten, in den frühen 1990er Jahren noch unter enormen Transformationsproblemen. Nichtsdestotrotz wuchs die Weltwirtschaft, und mit ihr die europäischen Wirtschaften, in den 1990er und frühen 2000er Jahren tendenziell an, wobei ein klares West-Ost Gefälle bezeichnend war.

4.2.3 Nach 2008

Im September 2008 entluden sich angestaute Strukturprobleme der (Welt-) Wirtschaft, v. a. des Finanzsektors, im Zusammenbruch des Bankhauses Lehman Brothers, mit weltweiten Ausbreitungseffekten. Der Shareholder value Kapitalismus der 1990er und frühen 2000er Jahre, der einer der Träger des wirtschaftlichen Wachstums gewesen war, kollabierte mit dramatischen Folgen für die Konjunktur weltweit. Hatten sich zuvor bei der Suche nach immer lukrativeren Kapitalanlagemöglichkeiten die Bilanz- und Kreditsummen immer mehr aufgebläht und sich von realwirtschaftlichen Entwicklungen entfernt, so kollabierte dieses System im September 2008. Wie bereits bei der Weltwirtschaftskrise von 1929 griff die Bankenkrise in den USA auf die europäischen Banken über und riss nach und nach die europäischen Wirtschaften mit in den Abgrund.

Aus unterschiedlichen Gründen – Neuverschuldungen in Fremdwährungen oder auch einem ungünstigen Verhältnis von Eigen- und Fremdkapital – gerieten viele europäische Staaten in Zahlungsschwierigkeiten und ganze Unternehmensbereiche brachen zusammen. Island, Irland, die baltischen Staaten oder Ungarn mussten unter die eilig aufgespannten Rettungsschirme der Europäischen Union und des Internationalen Währungsfonds (IWF) schlüpfen. Die in den 1990er Jahren entstandenen intensiven Verflechtungen der Weltwirtschaft erwiesen sich nun als Transmissionsriemen der Krise. Mit den wirtschaftlichen Schwierigkeiten einzelner Staaten und Sektoren brachen Exporte ein, die sich wiederum auf die Produktion von Gütern ebenso auswirkte wie auf den Handel mit Rohstoffen wie Erdöl. Sie bewirkten einen massiven konjunkturellen Einbruch weltweit. Binnen Jahresfrist brachen die Exporte der wichtigsten Volkswirtschaften Europas um 30–45 % ein. Zwar konnten sich Außenhandel und wirtschaftliche Entwicklung innerhalb der EU bereits 2010/11 wieder auf dem Niveau vor der Krise stabilisieren. Innerhalb Europas wandelte sich aber das West–Ost Gefälle immer mehr in ein Nord-Süd-Gefälle. Nicht erholt haben sich hingegen die Ausgaben für grenzüberschreitende Investitionen. Betrugen diese im Jahr 2007 noch 12.000 Milliarden Dollar, so sanken sie im Jahr 2008 auf 4.000 Milliarden ab und haben bis 2016 die Marke von 6.000 Milliarden nicht wieder überschritten.

In Europa weitete sich die Finanzkrise zur Staatschuldenkrise aus, die spürbare Auswirkungen auf die Europäische Währungsunion haben sollte. Die Zinsanstiege nach der Bankenkrise 2008 für bedrohte Staaten ließ die Gefahr des Staatsbankrotts in Griechenland, Spanien, Portugal und Irland dramatisch steigen. Innerhalb der Europäischen Union und insbesondere im Euro-Raum wurden die europäischen Regierungen praktisch gezwungen, eine kollektive Verantwortung zu übernehmen, um Ausbreitungseffekten vorzubeugen. Im Gegensatz zur Weltwirtschaftskrise von 1929 zogen die europäischen Regierungen und politischen Institutionen Europas weitgehend an einem Strang. Mit der Finanz-, Wirtschafts- und Staatsschuldenkrise nach 2008 kehrte der ›Staat‹ (auf allen Ebenen) als potentieller Akteur sukzessive zurück auf die deregulierten Märkte und übernahm wieder mehr Verantwortung für die konjunkturelle Entwicklung Europas und der Weltwirtschaft.

4.3 Strukturelle Wandlungen der europäischen Wirtschaft

Die europäischen Wirtschaften unterlagen im Zeitraum seit 1970 vielfältigen strukturellen Wandlungen. Neben der Transformation der sozialistischen Planwirtschaften in ein kapitalistisches Wirtschaftssystem nach 1990/91 werden im Folgenden fünf miteinander interdependente Wandlungen hervorgehoben, die prägend waren: der intersektorale Strukturwandel, die europäische Eigenverantwortung, die gesamteuropäische Wirtschaftsordnung, die europäische Gemeinschaftswährung und das Verhältnis von Staat und Wirtschaft.

4.3.1 Intersektoraler Strukturwandel

In den 1960er Jahren setzte allmählich ein Prozess des intersektoralen Strukturwandels von der Industrie- in die Dienstleistungsgesellschaft ein, der sich an vielerlei Indikatoren ablesen ließ. Insbesondere die ›alten Industrien‹ des 19. Jahrhunderts, die sich nach dem Zweiten Weltkrieg ein letztes Mal als Motor der europäischen Wirtschaft erwiesen hatten, gerieten nun massiv in die Krise. Dabei ging es um mehr als nur eine zyklische Krise. Vielmehr wurde ein langfristiger sektoraler Wandel eingeläutet, der die ehemaligen europäischen Trägerindustrien in den Bereichen Kohle, Stahl, Maschinenbau oder Textil ergriff. Diese ›alten Industrien‹ verschwanden entweder langfristig oder nisteten sich in Spezialbereichen ein, die wissensbasierte Produkte erstellten. Das Ende der Kohleförderung in Großbritannien und in dem Ruhrgebiet 2015 bzw. 2018 ist hier sicherlich das deutlichste Zeichen. Nationale wie europäische Wirtschaftsgeografien wandelten sich nach den 1970er Jahren radikal und transformierten die industriellen Kernregionen früherer Zeiten – das Ruhrgebiet, Mittelengland oder die Wallonie – in Krisenregionen Europas.

Der Strukturwandel und die Rezession trieben den Arbeitsplatzabbau voran. Ob in Belgien, Großbritannien, Frankreich, Luxemburg, Spanien oder Deutschland, überall setzte in den späten 1960er oder frühen 1970er Jahren der Abbau von Beschäftigten ein, der sich bis weit in die 1980er Jahre zog. Dieser war auch deshalb in der Öffentlichkeit so beachtet, weil die entsprechenden Bereiche gewerkschaftlich gut organisiert waren, so dass ein dementsprechender Kampf um Arbeitsplätze entbrannte, der medial wirksam inszeniert wurde.

Die Debatten und der Arbeitskampf um die Schließung des Stahlwerks Duisburg-Rheinhausen im Winter 1987/88 gehörten zu den medial am prominentesten ausgeschlachteten Ereignissen des Niedergangs der Kohle- und Stahlindustrie im Ruhrgebiet. Autobahnen und die berühmte ›Villa Hügel‹ in Essen – der Stammsitz der Familie Krupp – wurden von den Arbeitern aus Protest besetzt, monatelang wurden Mahnwachen abgehalten. Doch letztlich konnte nur verzögert werden, was in Anbetracht des intersektoralen Strukturwandels und der Globalisierung unausweichlich war. 1993 erfolgte die Werksschließung, 1999 und 2000 wurden dann die Hochöfen gesprengt. Das Gelände wurde fortan in einen Containerterminal umgewandelt und zum Umschlagplatz für Autotransporte umfunktioniert. Damit vollzog es den Wandel vom sekundären zum tertiären Sektor.

Info 6: Schließung des Stahlwerks Duisburg-Rheinhausen

Mit dem Strukturwandel ging eine Veränderung der Arbeitswelt einher, die auch die fordistische Produktionsweise mit Fließbandproduktion und kleinteiligen Produktionsschritten zurückgedrängte und sukzessiv in andere Weltteile verlagert wurde. Damit sank der Bedarf an un- bzw. angelernten Arbeitern, nachdem dieser in den beiden vorherigen Jahrzehnten des europäischen Wirtschaftsbooms von 20 % auf 40 % angestiegen war. Der Übergang zur Dienstleistungsgesellschaft veränderte die Anforderungsprofile auf dem Arbeitsmarkt, so dass spezielle Qualifikationen, u. a. IT-Kenntnisse, für immer mehr Berufe notwendig wurden. Die europäischen Wirtschaften haben sich, v. a. in Westeuropa seit den 1980er Jahren, in weiten Bereichen in wissensbasierte Ökonomien transformiert.

Mit dem intersektoralen Strukturwandel stieg auch der Bedarf an Fachkräften mit spezifischen Qualifikationen zu Lasten der ungelernten Arbeiter an, die noch in den 1960er Jahren, v. a. in der Bundesrepublik, massiv aus Südeuropa angeworben worden waren. Mit dem Strukturwandel der 1970er Jahre ging auch der Anwerbestopp von 1973 einher. Beides zusammen sollte in den kommenden Jahrzehnten massive Auswirkungen auf die Gesellschaften Westeuropas haben. Eine gewisse Sockelarbeitslosigkeit ist seit den 1970er Jahren akzeptiert und wurde zu einem strukturellen Problem vieler europäischer Gesellschaften, u. a. gekoppelt an die Generationenfrage, da sich besonders ältere Arbeitnehmer kaum mehr umschulen ließen.

4.3.2 Europäische Eigenverantwortung

In den 1970er Jahren wurde offenbar, dass die Staaten Westeuropas eine umfassende Verantwortung für ihre eigene wirtschaftliche Entwicklung übernehmen und aus dem wirtschaftlichen Schatten der USA treten mussten, in dem sie sich nach dem Ende des Zweiten Weltkriegs und der Intensivierung des Ost-West-Konflikts 1947 begeben hatten. Zwei Entwicklungen, der Zusammenbruch des Weltwährungssystems von Bretton-Woods sowie die Ausweitung des GATT-Abkommens, befeuerte diese Erkenntnis.

Das Weltwährungssystem von Bretton Woods war schon in der zweiten Hälfte der 1960er Jahre zunehmend unter Druck geraten. Es war ursprünglich so konzipiert, dass eine stabile US-Wirtschaft gleichzeitig auch das Weltwährungssystem stabilisierte. Als aber die USA ab Mitte der 1960 Jahre aufgrund der Finanzierung des Vietnamkrieges in eine Zahlungsbilanzkrise gerieten, breitete sich die Krise über das Weltwährungssystem schnell nach Europa aus. Währungskrisen und Inflationsdruck innerhalb Europas waren die Folge, die unterschiedliche wirtschaftliche Entwicklungen zwischen den Staaten Europas noch verschärften. Mit den währungspolitischen Schwierigkeiten verband sich im westlichen Bündnis eine kontroverse Diskussion über multinationale Verantwortung. Die USA forderten von den europäischen Bündnispartnern, v. a. von der Bundesrepublik, dass sie ihren Anteil an den Verteidigungsaktivitäten des Kalten Kriegs erhöhen sollten, um die Kosten der USA zu senken und so auch das Weltwährungssystem wieder ins Gleichgewicht zu bringen. Angesichts der Entspannungspolitik in Europa, der eigenen konjunkturellen Schwierigkeiten und der innenpolitischen Ablehnung des Vietnamkriegs widersetzten sich die Staaten Europas dieser Forderung.

Als die Bundesregierung im Mai 1971 schließlich einseitig aus dem Weltwährungssystem ausstieg und zu einem freien Wechselkurs umstieg, fiel nicht nur der Dollar gegenüber der DM um 9,3 %, sondern auch psychologisch war dies ein bedeutsamer Schritt. Die wirtschaftliche Dominanz der USA, die ja die deutsche und europäische Wirtschaft nach dem Zweiten Weltkrieg aufgebaut hatte, war so erstmals hinterfragt worden. Die Aufkündung multilateraler Prinzipien stellte die Staaten Europas vor eine völlig neue Situation. Einige ließen ihre Währungen frei floaten, andere versuchten mit dem Washingtoner System (1971) oder auch der Werner-Plan der EG (1970) zu Systemen mit fixierten Schwankungskorridoren überzugehen, um die Währungsturbulenzen beizulegen. Letztlich scheiterten diese Systeme aber (vorerst) an divergierenden nationalen Interessen. Im März 1973 brach das Weltwährungssystem von Bretton-Woods endgültig zusammen. Damit verlagerte sich die Verantwortung für die Währungsstabilität in Europa von den USA und Bretton-Woods auf eine Kollektivverantwortung der Europäer, die dann sukzessive von der Europäischen Gemeinschaft übernommen wurde.

Neben der Weltwährungsordnung sollte auch der Wandel der Welthandelsordnung die Europäer zu mehr Eigenverantwortung zwingen. So zeigten die Verhandlungsrunden zur Revision des GATT-Abkommens seit den 1970er Jahren in zunehmendem Maße die europäische Eigenständigkeit auf den Weltmärkten. Wenngleich die EWG schon seit 1961 mit einer eigenständigen Vertretung bei GATT-Verhandlungen zugegen war, so sollte die Tokio-Runde zwischen 1973 und 1979 die europäischen Staaten oftmals in eine klare Opposition gegenüber den USA zwingen, aus der heraus sie ihre eigenen Positionen offensiv vertreten mussten. Zum einen griff die US-Regierung aufs heftigste den EG-Agrarmarkt an, verhinderten doch die hohen Zollmauern der EG eine tatsächliche Konkurrenz für Lebensmittel auf europäischen Märkten. Zum anderen brachte die Tokio-Runde erstmals sehr deutlich die Forderung der USA an die Europäer nicht-tarifäre Handelshemmnisse im Bereich von Hochtechnologie abzubauen, die dann in der Uruguay-Runde nach 1986 zu intensiven Auseinandersetzungen führten. Es ging darum, die Telekommunikations- und IT-Märkte für Konkurrenten zu öffnen, während viele europäische Unternehmen aufgrund ihrer eigenen technologischen Rückständigkeit in diesen Schlüsselbereichen der zukünftigen Entwicklung noch Schutz vor der übermächtigen Konkurrenz suchten. Parallel dazu entzündeten sich Konflikte in den Fragen der inhaltlichen Erweiterung des GATT um den Handel mit Dienstleistungen im GATS oder um handelsbezogene Aspekte der Rechte des geistigen Eigentums im TRIPS zwischen den USA und den Europäern, u. a. über Privatisierungen im Bildungssektor. Für die europäischen Staaten wurde in den Verhandlungen allzu deutlich, dass sie sich gegen die Forderungen der USA und anderer Staaten nur dann auf den Weltmärkten würden behaupten können, wenn sie die Interessen ihrer Wirtschaften gemeinsam vertraten.

4.3.3 Gesamteuropäische Wirtschaftsordnung

Legten die Veränderungen auf den Weltmärkten eine gesamteuropäische Wirtschaftsordnung nahe, so wurden besonders die EG-Staaten zu Beginn der 1980er daran erinnert, sich aufgrund explodierender Kosten des gemeinsamen Agrarmarkts im Inneren neu zu organisieren. Gleich mehrere Gründe motivierten also die Staaten der EG die Bemühungen um Vertiefung und Erweiterung der Union zu intensivieren, die zum einen eine politisch-institutionelle Dimension und zum anderen eine wirtschaftliche Dimension (i. e. europäischer Binnenmarkt) hatte. Mit der EEA und dem Maastrichter Vertrag wurde dann eine Wirtschaftsordnung in ihren Grundpfeilern ausgearbeitet, die sich durch die Erweiterungsrunden der 1990er und 2000er Jahre zu einem (nahezu) gesamteuropäischen Phänomen ausdehnen sollte. Mit dem Vertrag von Maastricht wurde der Binnenmarkt realisiert und damit die vier Freiheiten im Inneren, d. h. die freie Mobilität von Waren, Personen, Kapital und Dienstleistungen, geschaffen. Auch die wichtige Frage der Abschaffung nicht-tarifärer Handelshemmnisse wie etwa unterschiedliche Technologiestandards war damit angegangen worden.

Der Vertrag von Maastricht vollendete aber nicht nur den Binnenmarkt und trieb die Wirtschafts- und Währungsunion voran, sondern öffnete Europa auch für einen sich zunehmend globalisierenden Weltmarkt, u. a. indem der Kapitalverkehr gegenüber Drittstaaten liberalisiert wurde. Die Europäische Union sollte sich spätestens nach dem Maastrichter Vertrag als ein Wirtschaftsraum erweisen, der dem Wettbewerb auch mit den USA offen begegnete.

Europa war mit der Herausbildung einer gemeinsamen Wirtschaftsordnung Vorreiter in einer Weltwirtschaft, die sich seit dem Jahrtausendwechsel zunehmend regionalisiert, wenngleich in den anderen Erdteilen nicht in der gleichen Qualität wie die Europäische Union. Insbesondere seit der gescheiterten Doha-Runde des GATT kehren seit Mitte der 2000er Jahre zudem viele Staaten und Regionalverbünde vom globalen Multilateralismus der WTO ab und wenden sich wieder binationalen oder Wirtschaftsabkommen zwischen den Regionalverbünden zu, wie sie etwa mit dem Transatlantischen Freihandelsabkommen (Transatlantic Trade and Investment Partnership – TTIP) geplant waren. Es erfolgt eine Art Zersplitterung der Welthandelsordnung unter dem globalen Dach von WTO und GATT. Diese Abkommen sind zumeist Präferenzhandelsabkommen, die als Freihandelsabkommen bezeichnet werden und deshalb nicht unter die Meistbegünstigungsklausel im Rahmen der WTO fallen. Selbst die G20 haben sich mittlerweile vom Ziel einheitlicher Finanzmarktregulierungen verabschiedet. In den USA müssen etwa ausländische Banken wieder Tochtergesellschaften mit Sitz in den USA vorweisen.

4.3.4 Der Euro – eine europäische Währung

Hatte in den 1980er Jahren mit dem Anlauf zum gemeinsamen Markt und dem wirtschaftlichen Aufschwung innerhalb der EG sich ohnehin eine positive Grundstimmung eingestellt, so sollte mit der Europäischen Währungsunion auch der Anlauf zum vielleicht symbolträchtigsten Gemeinschaftsprojekt genommen werden. Zwar hatte es schon in den 1970er Jahren mit dem Werner-Plan oder dem EWS erste Versuche gegeben, die nationalen Währungen innerhalb der Gemeinschaft fester aneinander zu binden, um sich gegenseitig Stabilität zu verschaffen. Doch waren diese immer wieder an nationalen Alleingängen in wirtschaftlichen Krisenzeiten oder an ordnungspolitischen Gegensätzen über die richtige Ausgestaltung einer Wirtschafts- und Währungsunion gescheitert. Nun ging es aber bei den ersten Vorschlägen zur Errichtung einer Gemeinschaftswährung und einer für diese verantwortliche Europäische Zentralbank nicht nur um wirtschaftliche Stabilität, sondern eben auch um die Einhegung der ökonomischen Dominanz der Bundesrepublik innerhalb Europas. Insbesondere in Frankreich wurde die bundesrepublikanische Wirtschaft als bedrohlich wahrgenommen. Hatte die Stabilität der Deutschen Mark schon 1969 in der Endphase des Weltwährungssystems von Bretton-Woods die französische Währung als schwach dastehen lassen, so wurde in Frankreich die wiederholte Abwertung des Francs gegenüber der D-Mark in der ersten Hälfte der 1980er Jahre als demütigend empfunden.

Dass Vorschläge der französischen Regierung zur Errichtung einer gemeinsamen Währung und einer europäischen Zentralbank im Dezember 1987 auf ein eher geteiltes Echo stießen, war angesichts der realwirtschaftlichen Situation zu erwarten. Gesprächsstoff und Konflikte gab es viele. Die einen, wie Bundeskanzler Kohl, verknüpften die Währungsunion mit einer tiefgreifenden politischen Union, die der Gemeinschaft substanzielle Kompetenzen übertragen sollte. Wieder andere, v. a. Wirtschaftswissenschaftler und Vertreter nationaler Zentralbanken, waren sich über den richtigen Weg zu einer Gemeinschaftswährung und der zukünftigen Geld- und Währungspolitik einer europäischen Zentralbank uneins – immerhin herrschten in Europa ganz unterschiedliche Währungsphilosophien vor. Hofften die einen darauf, dass eine Konvergenz der europäischen Volkswirtschaften sich als Folge einer Gemeinschaftswährung einstellen würde, so sahen besonders die Vertreter der Bundesbank, d. h. die Verfechter eines Primats der Geldwertstabilität, im umgekehrten Weg den einzigen sinnvollen Ansatz. Erst auf der Basis einer vorherigen Konvergenz der Volkswirtschaften könne das Wagnis einer gemeinsamen Währung eingegangen werden. Wieder andere, v. a. die britische Regierung um Margaret Thatcher, wollten von dem gesamten Projekt nichts wissen.

Zwei Ereignisse des Jahres 1989 sollten die Diskussion dann in eine gemeinsame Richtung bringen und enorm beschleunigen. Erstens schlug eine Arbeitsgruppe unter der Führung des EG-Kommissionspräsidenten, Jacques Delors, im April 1989 einen Stufenplan vor, der sich klar für eine volkswirtschaftliche Konvergenz als Grundvoraussetzung sowie eine auf Geldwertstabilität verpflichtete Politik der zu gründenden europäischen Zentralbank aussprach. Damit war vielen Kritikern der Wind aus den Segeln genommen worden. Zweitens machte die Öffnung der Berliner Mauer und die schnell einsetzenden Diskussionen um die deutsche Wiedervereinigung die Frage der Einhegung und Einbettung der Bundesrepublik in Europa zu einer dringlichen. Wenngleich die europäische Währungsunion nicht unbedingt im wirtschaftlichen Interesse der Bundesrepublik lag, so führte ab Dezember 1989 die Frage der Wiedervereinigung zu einer Intensivierung der Verhandlungen, die schließlich in den Kompromissen des Vertrags von Maastricht mündeten.

Für die Währungsunion waren im Vertrag von Maastricht eine Reihe von Kernkompromissen eingegangen worden. Erstens wurde die Währungsunion ohne eine sie flankierende politische Union angegangen, dafür aber eine supranationale und unabhängige Zentralbank errichtet, deren oberstes Ziel die Geldwertstabilität darstellte. Zweitens wurden Konvergenzkriterien vereinbart, die als Grundvoraussetzung für den Beitritt zur Währungsunion zu erfüllen waren. Drittens waren keine direkten Unterstützungsmaßnahmen in wirtschaftlichen Krisensituationen vorgesehen, v. a. keine kollektive Haftung für Staatsschulden oder hohe Haushaltsdefizite. Demzufolge mussten die Teilnehmer der Währungsunion Strukturreformen im Inneren vornehmen, um wettbewerbsfähig zu werden bzw. zu bleiben. Im Detail verblieben die Regelungen eher vage, um eine gewisse Flexibilität zu wahren.

Um über den Start der Währungsunion hinaus eine Wirtschafts- und Haushaltsdisziplin zu garantieren, wurde 1996 ein Stabilitätspakt vereinbart, der als Messlatte zukünftiger wirtschaftlicher Entwicklung dienen sollte. Demnach sollte ein Haushaltsdefizit von 3 % nicht überschritten werden, ebenso die öffentliche Gesamtverschuldung 60 % des BIP nicht übersteigen. Auf klare Sanktionen konnten sich die europäischen Regierungen derweil nicht einigen. Ironischerweise hatte die Bundesregierung am härtesten auf solche Regelungen gedrängt und war dann 2001, 2002 und 2003 treibende Kraft hinter einem Aussetzen des notwendigen Defizitverfahrens auf Beschluss des Europäischen Rats, nachdem der Bundeshalt die Defizitobergrenze überschritte hatte. Sogar eine Klage der EU-Kommission vor dem Europäischen Gerichtshof hatte keine Folgen. Überhaupt sollten die Kriterien im Zuge der Einführung des Euro und seiner ersten Jahre eher großzügig interpretiert werden, beispielsweise in den Fällen der Wirtschaftsdaten von Griechenland und Italien. Letztlich obsiegte der politische Wille zur Integration und die Währungsunion startete 1999 trotz erheblicher Bedenken der Bundesbank mit zwölf Teilnehmerstaaten.

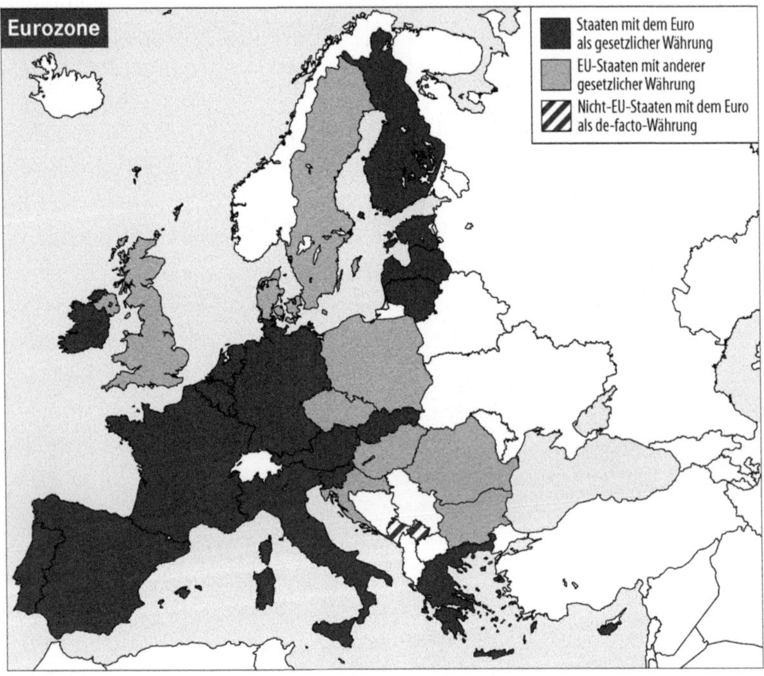

Abb. 9: Karte mit Euroländern

Das Kernproblem der Währungsunion war die fehlende Möglichkeit sowohl der Gemeinschaft in die Politik der Mitgliedstaaten einzugreifen als auch der Mitgliedstaaten sich gegen Kapitalzuflüsse durch eine unabhängige Finanzpolitik, v. a. durch die Zinspolitik, zu wehren. Weder direkte Eingriffsmöglichkeiten noch indirekte, etwa mittels Sanktionen, konnten eingesetzt werden. Ein Austritt oder Ausschluss war ebenfalls nicht vorgesehen. Statt Strukturreformen – wie sie in Deutschland die Agenda 2010 vornahm – verließen sich besonders südeuropäische Regierungen auf billiges Geld auf internationalen Finanzmärkten. Der mangelnde Sanktionswille der einmal vereinbarten Kriterien gepaart mit den liberalisierten Finanzmärkten, auf denen sich die Staaten Europas zunehmend verschuldeten, belasteten die Haushalte von Ländern wie Italien, Griechenland oder Portugal weit über die vereinbarte Defizitgrenze hinaus. Gleichzeitig hatten die Länder der Währungsunion jedoch keine Chance gegen Kapitalzuflüsse vorzugehen, v. a. auf den Immobilienmärkten, da die Zinsen einheitlich für den gesamten Euroraum in Frankfurt bei der Europäischen Zentralbank festgelegt wurden. Sukzessive baute sich im Euro-Raum so ein Schuldenproblem auf, welches virulent wurde, als die Kreditwürdigkeit Griechenlands im Dezember 2009 von der amerikanischen Ratingagentur Standards & Poor's abgestuft wurde, die Regierung sich nicht mehr refinanzieren konnte und das Land vor der Insolvenz stand. Ging es seit 2008 schon darum Portugal, Spanien und Irland vor den Folgen der Finanzkrise zu retten, so stand mit der griechischen Schuldenkrise nun ein strukturelles Problem der Währungsunion auf der Agenda der Euro-Länder.

Seitdem geht es für die Teilnehmerstaaten der Währungsunion und der Europäischen Zentralbank (EZB) darum, den Währungsraum stabil zu halten und neue tragfähige Regelungen für die Währungsunion auszuhandeln, etwa im Fiskalpakt. Die Euro-Rettung gewann dabei immer mehr an Symbolkraft für die EU, die vor dem Hintergrund einer sich ausweitenden Legitimationskrise den Zusammenhalt nach innen demonstrieren musste. Bemerkenswerterweise hat die EZB sich immer stärker der Krisenprävention angenommen und dabei ihr ursprüngliches Mandat, u. a. durch den Ankauf von Staatsanleihen, wie viele Beobachter finden längst überschritten. Letztlich aber hatte sich der Euro-Raum zu einer Solidargemeinschaft gewandelt, in der die Staatsschulden vergemeinschaftet werden.

4.3.5 Staat und Wirtschaft

Das sich wandelnde Verhältnis von Staat und Wirtschaft muss als einer der prägenden Faktoren wirtschaftlicher Entwicklung in Europa seit den 1970er Jahren eingestuft werden. Dies gilt nicht nur für den Übergang von der Plan- zur Marktwirtschaft in den ehemals sozialistischen Staaten Osteuropas seit 1989/90, sondern v.a. für den neoliberalen Umbau von Staat und Wirtschaft in ganz Europa. Angetrieben vom radikalen Marktoptimismus neoliberaler Vordenker und dem unbegrenzten Vertrauen in die Selbstregulierungsfähigkeit der Märkte starteten die Regierungen Europas – wenngleich in unterschiedlichem Ausmaß und mit unterschiedlicher Motivation – den Rückzug des Staates aus wirtschaftlicher Verantwortung, Kontrolle und Regulierung. Was allerdings fehlte, war eine staatlich garantierte, starke Rahmenordnung der Märkte, wie sie eigentlich Kernbestand neoliberaler Wirtschaftsvorstellungen war. So fehlte der Deregulierung und Privatisierung von Märkten und Monopolen im Europa der 1980er und 1990er Jahre eine konsequente neue Art der Regulierung in Form einer starken Rahmenordnung, die Fehlallokationen auf ›freien Märkten‹ zu unterbinden half.

Privatisierungsoffensiven fegten binnen weniger Jahre traditionelle staatliche Monopole und Unternehmenstätigkeiten hinfort und wandelten staatliche in private Unternehmen um, die fortan auf deregulierten Märkten mit privaten Wettbewerbern konkurrierten. Sollten noch in den 1970er Jahren staatliche Unternehmen ihre Dienste flächendeckend zu gleichen Konditionen anbieten und dabei einen (sozialen) Vorsorgeauftrag erfüllen, so galt nun der Wettbewerb als Garant optimaler Versorgung, die über den günstigsten Preis definiert wurde. Gleichwohl erwiesen sich die hohen Einnahmen aus der Privatisierung auch als Wundermittel, um angespannte Staatsfinanzen zu entlasten und so schwenkten nahezu alle Regierungen Europas in der ersten Hälfte der 1980er Jahre auf den neoliberalen Staatsumbau ein.

Der prominenteste, vielleicht radikalste und zugleich folgenreichste Rückzug des Staates erfolgte neben den Privatisierungen der großen Infrastrukturunternehmen in den Bereichen Post, Telekommunikation, Bahn oder Energie auf den Finanzmärkten. Dieser Rückzug war umso bedeutsamer als die Prozesse der Deregulierung und der Digitalisierung sich im Finanzsektor wie in kaum einem anderen Bereich der Wirtschaft überlappten. Dabei müssen gerade die Veränderungen im Finanzsektor als ein Prozess angesehen werden, der in den 1970er Jahren in den USA begann und schleichend Westeuropa ergriff. Stellten schon die freien Wechselkurse nach dem Ende des Weltwährungssystems von Bretton-Woods eine dramatische Veränderung im Finanzsektor dar, so folgten in den 1980er und 1990er Jahren die Abschaffung von Zinsobergrenzen, die sukzessive Vereinfachung von Finanztransaktionen, die Deregulierung von Sparkassen oder die Erleichterung der Fusion von Banken, um nur wenige Stichworte zu nennen. Die EG schuf auf dem Weg zum gemeinsamen Markt in Jahren 1988/90 die Kapitalverkehrsbeschränkung ab. Weitere zentrale Daten für veränderte Realitäten auf den Finanzmärkten waren die Einführung des elektronischen Börsenhandels (1989), die Abschaffung der Börsenumsatzsteuer (1991), der Neue Markt für Risikokapital (1997) oder die Abschaffung der Besteuerung von Gewinnen aus Anteilsveräußerungen (2001).

Die Folgen auf den Finanzmärkten waren vielfältig. Zum einen erhöhte sich die Umlaufgeschwindigkeit von Kapital dramatisch. Zum anderen entstanden neue Finanzprodukte wie die Ersetzung von Eigendurch Fremdkapital, Hedge-Fonds, Kapitalbeteiligungsgesellschaften, Refinanzierung mit kürzeren Laufzeiten oder der Optionshandel. Dies alles passierte vor dem Hintergrund sich entgrenzender Weltmärkte und neuen Anlagemöglichkeiten in Asien und Osteuropa, die kaum überschaubar waren. Binnen weniger Jahre nahm die Bedeutung des Kapitalmarkts für die Wirtschaft bei gleichzeitiger Kontrollaufgabe des Staats radikal zu. Der Staat gab dabei im Vertrauen auf die Selbstregulierung des Markts seine eigene Regulierungskapazität auf. Die politischen Instanzen auf allen Ebenen (nationalstaatliche Regierungen ebenso wie Kreisverwaltungen) begaben sich sogar selber vielfach in die Verschuldungsfalle auf den Finanzmärkten und wurden immer abhängiger von den Finanzmärkten, aus denen sie sich selber zurückzogen.

Die Finanzmärkte lösten sich jedoch zunehmend von der realen Wirtschaftsentwicklung und ließen die Finanzmarktkrise zu einem wiederkehrenden Phänomen der weltwirtschaftlichen Entwicklung werden. In den 1990er Jahren bildeten sich die ersten Finanzblasen, deren prominenteste – die Dotcom-Blase – im März 2000 platzte. Den Höhepunkt stellte dann die Banken- und Finanzkrise von 2008 und 2010 dar. Schickten die Regulierungsinstanzen die Bank Lehman Brothers noch in die Insolvenz und lösten damit eine Kettenreaktion aus, die den gesamten Banksektor und einige Staaten direkt mit sich zog, so konnte die Staatsschuldenkrise von 2010 nur noch durch staatliche Garantien gemeistert werden. Generell ist ein signifikanter Zusammenhang zwischen der Liberalisierung der Finanzmärkte und der Staatsverschuldung erkennbar. Immerhin stieg die Staatsverschuldung im Verhältnis zum Bruttoinlandsprodukt (BIP) zwischen 1980 und 2015 beispielsweise in Frankreich von 20,7 % auf 96,1 %, in Deutschland von 31,3 % auf 71,0 % und in Italien von 56,1 % auf 132,7 %.

Für den Staat in Europa bedeutete die Bankenkrise von 2008 die Übernahme der Haftung für einen Finanzsektor, aus dem er sich eigentlich zurückgezogen hatte. War im blinden Vertrauen auf die Selbstregulierung der Finanzmärkte national wie international in den 1990er und 2000er Jahren kein tragfähiger ordnungspolitischer Rahmen entstanden, so musste und müssen die politischen Instanzen seit 2008 nachsteuern. Die Bereitschaft der Staaten und internationalen Institutionen wie etwa der EU weitere Ausbreitungseffekte durch staatliche Regelungen präventiv zu verhindern, ist enorm angestiegen. Auf allen Ebenen der politischen Systeme werden seit der ›Lehman‹-Pleite neue Steuerungsmechanismen entworfen, die dabei helfen sollen, die Reaktions- und Regulierungskapazitäten des Staats zu erhöhen.

Generell hatte der Wandel des Verhältnisses von Staat und Wirtschaft seit den 1980er Jahren die Regierungen in Europa gezwungen, ihre Sozialsysteme und Arbeitsmärkte an die veränderten wirtschaftlichen Bedingungen anzupassen. Dabei ging es aber nicht um eine Abschaffung des europäischen Sozialstaats – zumeist stiegen die Staatsquoten sogar an oder blieben wie in der Bundesrepublik bei ca. 45 % –, als vielmehr um eine Nachjustierung seiner tragenden Säulen. Es galt die Finanzierung des Sozialstaats auf eine neue Basis zu stellen. Hatten die europäischen Staaten zuvor direkte Sozialabgaben und Steuern erhoben, so wurde nun vermehrt auf indirekte Steuern umgestellt, die auch importierte Produkte gleichermaßen belasteten. Staaten wie die skandinavischen Länder oder auch die Bundesrepublik Deutschland, die Reformen auf den Arbeitsmärkten, der Altersvorsorge, der Krankenversicherungen oder auch der Bildungssysteme offensiv angegangen waren, haben sich besonders in den Krisenjahren seit 2008 als robust erwiesen.

Insgesamt haben sich die europäischen Wirtschaften also seit den 1970er Jahren in ihrer intersektoralen Struktur, ihrem Verhältnis zum Staat, ihrer Einbettung in die Weltwirtschaft und in ihren Interdependenzen so stark verändert, dass nur noch bedingt von separaten Volkswirtschaften gesprochen werden kann.

4.4 Multi- und transnationale Unternehmen

Multi- oder transnationale Unternehmen, die oft auch als internationale oder globale Unternehmen bezeichnet werden, sind vielleicht der deutlichste Indikator der Veränderung der Wirtschaft. Sie sind gleichzeitig aber eine treibende Kraft genau jener Veränderung, weil sie dezentral (global) organisiert sind, die notwendigen Techniken einsetzen und finanzielle Ressourcen besitzen, um grenzüberschreitende Strategien zu entwickeln und politische Entscheidungen zu ihren Gunsten einzufordern.

Multi- und transnationale Unternehmen stellen ein weites Feld von Firmen mit Vermögenswerten dar, dass sich in mehreren Staaten befindet. Multinationale Unternehmen sind zwar komplex und verteilen sich zumeist über mehrere Staaten, sie verfügen aber über eine klare Struktur. Sie können als ein Portfolio zahlreicher nationaler Elemente angesehen werden, das eine starke Anpassung an unterschiedliche Märkte und Produktionsstandorte aufweist. Demgegenüber verfügen transnationale Unternehmen über eine (netzwerkartige) Organisationsstruktur und besitzen teilautonome Tochtergesellschaften, die über ein gemeinsames operatives Ziel miteinander verkettet sind. Im Gegensatz zu den multinationalen Unternehmen orientieren sie sich in ihren Unternehmensstrategien in der Regel stark an den jeweiligen regionalen und lokalen Märkten und passen ihre Produkte dementsprechend an. Die Vorteile multi- oder transnationaler Unternehmen bestehen u. a. in einem besseren Zugang zu unterschiedlichen nationalen Kapitalmärkten, in Organisationsvorteilen durch Arbeitsteilung, im Zugang zu unterschiedlichen Rohstoffen bzw. Patenten oder in der Möglichkeit staatliche Regulierungen und Abgaben (Zölle, Importquoten, Steuern etc.) zu umgehen.

Info 7: Multi- und transnationale Unternehmen

Die Entstehung von multi- und transnationalen Unternehmen hing stark von weltwirtschaftlichen Rahmenbedingungen ab, die sich seit den 1970er Jahren herausgebildet hatten. Dazu zählen stabile politische Verhältnisse, Rechtssicherheit, u. a. für Direktinvestitionen, eine funktionierende Gerichtsbarkeit und auch niedrige Handelsbarrieren. Grundvoraussetzung ist ein internationales System, innerhalb dessen Verträge garantiert und durchgesetzt werden. Dabei entstanden multi- oder transnationale Unternehmen auf zwei Weisen: entweder über Auslandsinvestitionen als Direktinvestitionen durch den Erwerb ausländischer Betriebe (direkte operative Führung) bzw. durch die Neugründung eines Unternehmens im Ausland oder durch Portfolioinvestionen, d. h. Aktienerwerb, bei denen es zunächst um Renditen geht. Wenngleich viele Staaten der Welt die Möglichkeiten multi- und transnationaler Unternehmen beschränken, u. a. wie in China durch die Mehrheitsbeteilung inländischer Firmen an möglichen Joint Ventures, so hat sich insbesondere die Europäische Union mit den vier Freiheiten des Binnenmarkts als günstige Grundlage erwiesen.

Das Modell der multi- und transnationalen Unternehmen setzte sich seit den 1970er Jahren in zwei Phasen in Europa durch. Unterscheiden lassen sich eine Experimentierphase, die sich in Westeuropa etwa bis in die frühen 1990er Jahre zog und eine Boomphase in den 1990er und 2000er Jahren. Einen ersten Entwicklungsschub für die Internationalisierung von Unternehmen löste die Liberalisierungswelle im internationalen System, v. a. die Möglichkeiten der Direktinvestitionen im Ausland aus. Auch die Deregulierung vieler nationaler Märkte und die Privatisierung großer Staatsunternehmen, u. a. im Bereich Post, Telekommunikation und neue Medien wirkten wie ein Katalysator. In der klassischen Industrieproduktion (Textil, Automobil, Elektronik) setzte der Trend recht früh ein, u. a. wurde seit den 1970er Jahren die Zulieferung von Halbfertigprodukten arbeitsteiliger organisiert. In den 1980er Jahren begannen viele Branchen damit, Zuliefernetzwerke entweder in Südosteuropa (Ungarn und Jugoslawien) oder in Südasien (Indien und China) aufzubauen. Dass diese Phase als Experimentierphase bezeichnet werden kann, hängt auch damit zusammen, dass die Unternehmen sehr unterschiedliche Strategien der internen Strukturierung und Arbeitsteiligkeit verfolgten. Der Ausbau neuer Kooperationsformen von Unternehmen erfolgte dabei oftmals entlang von bestehenden globalen oder europäischen Wertschöpfungsketten, so dass die Strukturen internationaler Arbeitsteilung erhielten blieben, nun aber noch effektiver von den Unternehmenszentralen in den industrialisierten Staaten aus gesteuert wurden.

In den 1990er Jahren setzte die massive Ausbreitung multi- und transnationaler Unternehmen ein, nachdem die Veränderungen der institutionellen Rahmenbedingungen günstige Voraussetzungen geschaffen hatten. Gleichzeitig zwangen die offenen Märkte die Unternehmen aber auch dazu, sich zu multi- und transnationalen Unternehmen umzubauen, um auf offenen Weltmärkten konkurrenzfähig zu bleiben. Alleine zwischen 1990 und 2008 stieg die Zahl derartiger Unternehmen – bei aller Ungenauigkeit solcher Zahlen – von 35 000 auf 82 000. Auffallend ist bei den 25 größten multinationalen Unternehmen (nach dem Volumen der Auslandsinvestitionen) die starke Konzentration auf den primären wirtschaftlichen Globalisierungsraum (Nordamerika, Westeuropa, Ostasien). In Europa lagen die prozentuellen Schwerpunkte von multi- und transnationalen Unternehmen in den klassischen Industriebereichen Pharmaindustrie, Autobranche und Hardware/Technologie, während Software- und Computerdienstleistungen nur einen geringen Anteil der multi- und transnationalen Unternehmen stellten. Derartige Unternehmen haben seit den 1990er Jahren in zunehmendem Maße auch einen hohen Anteil an den Forschungs- und Entwicklungsausgaben eines Staates, wobei es entsprechend der staatlichen Wirtschaftsstruktur sehr unterschiedliche Schwerpunktbereiche gibt, beispielsweise in Großbritannien die Pharmaindustrie oder in Deutschland die Autoindustrie. Entsprechend ihrer Struktur entwickeln multi- und transnationale Unternehmen auch zunehmend eine globale Identifikation, die sich in gewandelten Gütesiegeln zeigt. So bewirbt der Autohersteller Mercedes-Benz seine Produkte nicht mehr mit ›made in Germany‹, sondern mit ›made by Mercedes‹.

Ein zentraler Eckpfeiler der multi- und transnationalen Unternehmen war der Finanz- und Bankensektor, der bis in die 1980er Jahre hinein aufgrund der ausgeprägten nationalstaatlichen Kontrolle und Regulierung kaum eine Internationalisierung zuließ. Die bereits beschriebene Deregulierung des Finanzsektors und v. a. die Freiheit des Kapitalverkehrs schufen schließlich die Voraussetzung für transnationale Banken und Unternehmensverflechtungen. In den 1990er und frühen 2000er Jahren etablierten sich Banken in größerem Umfang unter den großen multi- und transnationalen Unternehmen der Welt. Eine Zäsur stellte die Finanzkrise von 2008/09 dar, in deren Zuge viele transnationale Banken, die in Schwierigkeiten gekommen waren, vom Staat gerettet bzw. (teil-) verstaatlicht wurden, etwa die Crédit Agricole oder die Société Générale.

Wandelte sich das generelle Verhältnis von Staat und Wirtschaft seit 1970 grundlegend, so galt dies auch für Unternehmen. Der Standortwettbewerb zwischen Weltregionen und Staaten um Unternehmen, gehört dabei zu den Kernelementen des Wettbewerbs auf deregulierten, offenen Märkten. Innerhalb Europas wird dieser Wettbewerb von der Europäischen Union hergestellt und vom Europäischen Gerichtshof überwacht. Das Wettbewerbsrecht, d. h. die Abschaffung von Subventionen, Kartellen etc., gehört zu den Kernaufgaben der EU. Im europäischen Binnenmarkt führte der Wettbewerb um Kapital und effiziente Arbeit zu einer radikalen Senkung und Angleichung der Unternehmenssteuersätze, nachdem vor den 1990er Jahren noch über ein hohes Niveau der Unternehmenssteuern das Modell des europäischen

Sozialstaats finanziert worden war. So sank der Steuersatz in Großbritannien zwischen 1982 und 1986 von 52 % auf 35 %, die nordischen Staaten folgten in den frühen 1990er Jahren mit einer ganz radikalen Senkung binnen zwei Jahren auf 25 %. Die osteuropäischen Staaten wiederum senkten den Satz mitunter auf weit unter 20 %, um überhaupt im Europäischen Binnenmarkt attraktiv sein zu können. Hinzu kamen weitere Faktoren des Standortwettbewerbs wie die infrastrukturellen Voraussetzungen, die Forschungsbedingungen, das Bildungssystem, die staatliche Förderung oder das Lohnniveau, die wie oben beschrieben in den späten 1990er Jahren in staatlichen Reformprojekten wie New Labour oder der Agenda 2010 mündeten.

Die Wahrnehmung von multi- und transnationalen Unternehmen in Politik, Wirtschaft und Gesellschaft wandelte sich seit den 1970er Jahren in Abhängigkeit der wirtschaftlichen Entwicklung und der wirtschaftspolitischen Dogmatik mehrfach. Bis in die 1980er Jahre wurden multinationale Unternehmen vielfach als Bedrohung der nationalen Volkswirtschaften und der nationalen Souveränität angesehen. Sie galten als Symbol des nationalstaatlichen Kontrollverlusts und der Abhängigkeit vom Ausland. Insbesondere von den Verlierern des intersektoralen Strukturwandels wurden sie als Grund des Abbaus von Arbeitsplätzen angeprangert und so für hausgemachte wirtschaftliche Probleme verantwortlich gemacht. Mit dem konjukturellen Aufschwung der 1980er und 1990er Jahren sowie der Durchsetzung der neoliberalen Denkweise wurden multi- und transnationale Unternehmen zunehmend positiv konnotiert. Sie galten nun als Träger moderner Technologie und Produktionsverfahren, als Schaffer qualifizierter Arbeitsplätze und Symbol der ›neoliberalen Marktbefreiung‹. Spätestens mit dem Börsenboom, der etwa in Bundesrepublik am deutlichsten an der ›Volksaktie‹ der Telekom zu erkennen war, schwand auch für den ›normalen‹ Bürger als Aktieneigner die Distanz zu multi- und transnationalen Unternehmen. In den 2000er Jahren und insbesondere nach der Banken- und Finanzkrise von 2008 nahm die Kritik aber wieder zu, weil der Standortwettbewerb als Bedrohung sozialer und wirtschaftlicher Errungenschaften angesehen wurde. Nicht nur verlagerten transnationale Unternehmen ihre Gewinne in Steueroasen und lösten sich aus nationalstaatlichen Regulierungsrahmen, sondern darüber hinaus erhielten transnational operierende Banken eine massive finanzielle Unterstützung, während private Aktienbesitzer auf ihren Verlusten sitzenblieben. Der staatliche Kontrollverlust über multi- und transnationale Unternehmen sowie ihr massiver (politischer) Einfluss auf Beschäftigung, Investitionen und wirtschaftliche Entwicklung ganzer Staaten hat die Kritik lauter werden lassen. Zu einer stärkeren Regulierung multi- und transnationaler Unternehmen fehlte in Europa, v. a. in der EU, lange die politische Einigkeit, da einige Staaten wie Luxemburg oder die Niederlande zu stark von dieser Art Unternehmen profitieren.

4.5 Fazit

Die wirtschaftliche Entgrenzung seit den 1970er Jahren wirkt sich massiv auf die Wirtschaftsstrukturen und Wirtschaftsordnungen der europäischen Staaten aus. Grenzen und Schutzmechanismen nationaler Volkswirtschaften verloren im Zuge der wirtschaftlichen Globalisierung und der mit ihr einhergehenden Bildung wirtschaftlicher Regionalblöcke, wie etwa die EU, an Bedeutung. Dabei ist der Standortwettbewerb um Unternehmen zu einem wesentlichen Element staatlicher Wirtschaftspolitik geworden, die an Aspekten wie niedrigen Produktionskosten, einem hohen Qualifikationsniveau der Arbeiterschaft oder einer guten Infrastruktur ansetzt. Die vorgenommenen Anpassungen der Wirtschaftsordnungen wiederum besitzen vielfältige Implikationen für nahezu alle Bereiche der Gesellschaft. Dementsprechend wird die wirtschaftliche Entgrenzung, die gerne als Globalisierung bezeichnet wird, auch zunehmend kontrovers mit Blick auf deren Implikationen und Verteilungsgerechtigkeit diskutiert. Dies gilt umso mehr seit den Krisen der Jahre 2008 und 2010.

5 Technik

5.1 Vorbemerkungen

Technik wird in diesem Kapitel nicht in erster Linie hinsichtlich ihrer Genese und Innovation betrachtet, sondern von ihren Auswirkungen auf Politik, Wirtschaft und Gesellschaft. Dabei hat es seit den 1970er Jahren vielfältige technische Entwicklungen gegeben. Eine zentrale Bedeutung fiel dem Nachrichtenwesen und dem Verkehr zu. Technische Innovationen, Inventionen und Weiterentwicklungen in diesen Bereichen stellten die Grundlage der massenhaften Zirkulation von Menschen, Gütern und Informationen innerhalb Europas dar und sie generierten neue Formen der menschlichen Zusammenarbeit und Kommunikation. Sie waren die Grundlage zweier technisch bedingter Phänomene europäischer Geschichte, die hier als die bedeutsamsten Auswirkungen technischer Wandlungsprozesse seit den 1970er Jahren dargestellt werden: Mobilität und Vernetzung. Beides wurde seit den 1970er Jahren über ein zunehmendes Ausmaß an Standardisierung erreicht, die zu einer umfassenden Homogenisierung der menschlichen Lebens- und Arbeitsbereiche führte. Dabei bedingen sich Mobilität und Vernetzung gegenseitig, da Mobilität oftmals eine Vernetzung voraussetzt und Vernetzung ihrerseits ebenso die Mobilität. Viele großtechnische Systeme, die Vernetzung und Mobilität erzeugen wie behindern, können sich aufgrund hoher Kosten und Kompatibilitätsfragen zumeist nur langsam verändern. Die Digitalisierung ist dabei sowohl für die Mobilität als auch für die Vernetzung eher ein Katalysator als eine Ursache, die der Technologie zur massenhaften Verbreitung verhalf, die es zuvor bereits in ihrer Grundstruktur gab. Technische Entwicklungen in Bereichen wie der Medizintechnik, des Bauwesens oder der Chemie sollen damit in ihrer Bedeutung nicht geschmälert werden, sie betrafen aber die Breite der Gesellschaft in ihrem alltäglichen Leben nicht in gleichem Ausmaß wie Mobilität und Vernetzung.

5.2 Mobilität

5.2.1 Mobile Kommunikation

Mobile Technologien eroberten schon seit dem Ende des 19. Jahrhunderts immer neue Einsatzbereiche, die sich v. a. aus der Verkleinerung von Endgeräten und verbesserter Übermittlungstechnologie speisten. Nach der Entdeckung der Funkfrequenzen als drahtloser Träger von Informationen durch Gugliemo Marconi in den 1890er Jahren wurde mobile Kommunikation zunächst im Bereich der Schifffahrt und etwas später in der Luftfahrt eingesetzt. Schiffe und Flugzeuge wurden also schon in der ersten Hälfte des 20. Jahrhunderts mit mobilen Kommunikations- und Navigationsgerätschaften ausgestattet. Auch Feldtelefone und Funkgeräte, v. a. beim Militär, waren erste vereinzelte Anwendungsbereiche mobiler Technologie, die aber kaum gesellschaftliche Breitenwirkung erzielten oder zu Massenanwendungen aufstiegen. Die Einsatzbereiche mobiler Kommunikation blieben zunächst in ihrer Zahl begrenzt, weil die Empfangs- und Sendegeräte zu groß und zu teuer für die Massenanwendung waren.

Eine Schlüsselerfindung auf dem Weg zur mobilen Massenkommunikation war die Erfindung des Transistors, der in den 1950/60er Jahren nicht nur einen mobilen Empfang von Radioprogrammen für Unterhaltung ermöglichte, sondern auch anderweitig Einsatz fand. Er ermöglichte Mitte der 1970er Jahre die flächendeckende Etablierung des Verkehrsfunks in Europa, weil es damit möglich wurde, den im Auto mobilen Menschen zu erreichen und ihn mit Informationen über Verkehrsstaus oder witterungsbedingten Einschränkungen des Verkehrs zu versorgen. Eine Zäsur in dieser Entwicklung stellte das Jahr 1970 dar, da die Zahl der Verkehrstoten in Deutschland – auch bedingt durch das Aufkommen massenhafte Automobilität – ein historisches Hoch erreichte und daraufhin die Technologie des Verkehrsfunks konsequent ausgebaut wurde. Deutschland und insbesondere Nordrhein-Westfalen fiel eine Vorreiterrolle in Europa zu, zumal das Problem des dichten Verkehrs hier besonders früh und intensiv auftrat. An ein neues mobiles Publikum angepasst, entstand zeitgleich mit den ›Servicewellen‹ eine neue Art Radioprogramm, die das bis heutige gängige Programmformat etablieren sollten. Der ›automobile‹ Hörer sollte durch leichte Musik und Unterhaltung nicht zu stark vom Verkehrsgeschehen abgelenkt und gleichzeitig mit Informationen über die Verkehrslage versorgt werden. Die neue Programmkonzeption half gleichzeitig dem Radio dabei, eine neue Position im Medienkonsum der Menschen zu finden, nachdem das Fernsehen in den 1970er Jahren endgültig zum Leitmedium aufgestiegen war. Radio wurde nun immer öfter ›nebenbei‹ gehört, weil man die Geräte mobil mitnehmen konnte. 1988 wurde mit dem Radio Data System eine digitale Technologie eingeführt, die es ermöglichte, Textinformationen über das System Verkehrsfunk zu verbreiten. Der mobile Europäer konnte so noch effizienter vor der Behinderung seiner eigenen Mobilität gewarnt werden, gleichzeitig wurde er generell für stauanfällige Verkehrsadern sensibilisiert.

In den späten 1960er und frühen 1970er Jahren wurde das Radio als führendes Leitmedium vom Fernsehen abgelöst und wandelte seine Funktion beim Hörer. Radio wurde zunehmend begleitend gehört, etwa während der Hausarbeit, beim Arbeiten oder im Auto. Um den Hörer dabei mit Informationen über die Verkehrslage, das Wetter, Sport oder andere Dinge des täglichen Lebens zu versorgen, wurden spezielle Programmformate, die Servicewellen, entwickelt. Sie kombinierten Informationsvermittlung mit leichter Unterhaltungsmusik und grenzten sich damit auch klar von den anderen Programmformaten ab, die oftmals noch einen Bildungsauftrag verfolgten und klassische Musik sendeten. Zu den Pionieren der Servicewellen zählte bereits Mitte der 1960er Jahre das Programm von Radio Television Luxemburg (RTL), dem allmählich die Rundfunkanstalten in ganz Europa folgten.

Info 8: Servicewellen im Radio

Mit der Satellitentechnologie kam in den 1960er und 1970er Jahren eine weitere Schlüsseltechnologie für die Ausbreitung der mobilen (Massen-) Kommunikation hinzu. Nachdem mit Sputnik am 4. Oktober 1957 erstmals ein künstlicher Erdtrabant in eine Umlaufbahn um die Erde eingetreten war, sollte mit der Stationierung des US-amerikanischen Nachrichtensatelliten Syncom 2 am 19. August 1964 in der geostationären Umlaufbahn das Zeitalter der Nachrichtenkommunikation eingeläutet werden. Ein Meilenstein war im April 1965 der Satellit Intelsat 1 – auch als Early Bird bekannt – mit dem die Geschichte der Nachrichtensatelliten für die Individualkommunikation begann. Vorerst waren aber die Übertragungskapazitäten extrem begrenzt, so dass lediglich ein Fernsehbild oder 240 Telefongespräche übertragen werden konnten. An mobile Massenkommunikation war in diesem frühen Stadium noch nicht zu denken. Erst allmählich konnte in den 1970er und 1980er Jahren die Kapazität erhöht werden. Mit Intelsat VI und der ersten digitalen Satellitengeneration, die seit 1991 in den Orbit gebracht wurde, ließ sich erstmals eine Massenkapazität von 120 000 Gesprächen erreichen.

Die Satellitentechnologie konnte innerhalb Europas von Beginn an nur genutzt werden, wenn sie zwischenstaatlich organisiert und koordiniert wurde, da die Kosten eines Satelliten sehr hoch waren, und sich die Satelliten nur bedingt für national begrenzte Einsatzbereiche eigneten. Mit Intelsat, Intersputnik und Eutelsat entstanden in den 1960er und 1970er Jahren zwischenstaatliche Betreibergesellschaften, die dann in den 1990er und frühen 2000er Jahren privatisiert wurden. Ein Kernproblem europäischer Staaten verblieb aber ihre Größe, da mittels Satelliten aus dem Weltraum keine relativ kleinen Abdeckungsgebiete, wie eben die Fläche eines europäischen Nationalstaats, ausgeleuchtet werden konnten. Satelliten zwangen also zu Grenzüberschreitungen, die Projekte wie das deutsch-österreichisch-schweizerische Fernsehprogramm 3sat hervorbrachten. Gleichzeitig offenbarten binationale Forschungsprojekte, wie etwa das deutsch-französische Satelliten-Programm Symphonie aus den 1970er Jahren, die Bemühungen der Europäer im Rennen um die Zukunftstechnologie Satellit mit den Großmächten USA und UdSSR mithalten zu wollen.

Wegen der Störungsanfälligkeit von Funkfrequenzen, musste die Nutzung von Frequenzen für die Aufwärts- und Abwärtsverbindungen zu den Satelliten noch vor der Inbetriebnahme größerer Satellitensysteme koordiniert und den Satellitenanwendungen mussten Frequenzen und Frequenzbereiche zugeteilt werden. Die zuständige Sonderorganisation der Vereinten Nationen, die Internationale Telekommunikationsunion, begann bereits 1963 damit den Weltraumfunkverkehr global zu regulieren. Tatsächliche Planungen setzten mit der ersten speziellen Weltraumfunkkonferenz von 1971 ein, die auch notwendig wurden, weil für die enorm kostenintensiven Satellitenprojekte langfristige Planungssicherheit notwendig war. Die 1970er und 1980er Jahre brachten dann die Erschließung von Orbitalpositionen, v. a. im Geostationären Satelliten Orbit (GSO) durch Kommunikationssatelliten. Konsequenterweise stieg die Planungsintensität und damit die Zahl der internationalen Konferenzen: 1977 fand eine Planungskonferenz für Rundfunksatelliten und deren Empfangsgebiete statt, 1985 und 1987 wurden Planungen der GSO-Satelliten und der Nachrichtensatelliten vorgenommen. Seitdem wird in regelmäßigen Abständen über den Satellitenfunk verhandelt. All diese Konferenzen legten die Grundlage für eine steigende Zahl mobiler Kommunikationsanwendungen in Europa und der Welt. Die Satellitentechnologie war dabei für die Entstehung mobiler Kommunikation v. a. in der Transformationsphase in die mobile und digitale Massenkommunikation zwischen den 1970er und 1990er Jahren ein ganz zentraler Faktor gewesen. Basierend auf Systemen wie dem maritimen Navigationssystem Inmarsat oder dem Global Positioning System (GPS), das alleine zwischen 1978 und 1985 durch die Positionierung von 11 Navsat-Satelliten den Dienstbetrieb aufnahm und im Jahr 2000 für zivile Nutzer geöffnet wurde, navigieren Schiffe, Flugzeuge, Züge, Autos oder Wanderer unabhängig von Grenzen überall in Europa. Seit der Jahrtausendwende verschmolzen zudem die Empfangsgeräte für mobile Satellitennavigation und der Telefonie im Smartphone.

Entwicklungsschübe bei den terrestrischen Funknetzen, v. a. Mobilfunknetze für die Telefonie, die im Wesentlichen durch digitale Übertragungstechnologien ausgelöst wurden, sorgten ab den 1990er Jahren für eine weitere kontinuierliche Zunahme der mobilen Kommunikation. Die Digitaltechnologie ermöglichte immer höhere Übermittlungskapazitäten bei kontinuierlich abnehmender Gerätegröße und Gerätekosten. Doch bereits mittels analoger Übertragungstechniken hatte die Zahl der Mobilfunkteilnehmer spürbar zugenommen. In Deutschland entstand beispielsweise das erste analoge Mobilfunknetz mit dem A-Netz im Jahr 1958 (bis 1978), das Kapazitäten für 10 500 Teilnehmer hatte. Das B-Netz erweiterte im Jahr 1971 (bis 1992) die Teilnehmerzahl auf immerhin 27 000. Einen ersten Schritt in Richtung Massenanwendung tätigte das immerhin noch analoge C-Netz im Jahr 1984 (bis 2000), da es nun Kapazitäten für potentiell 300 000 Mobiltelefone hatte.

Mit der Digitalisierung des Mobilfunks ab dem D-Netz in den 1990er Jahren wurde kostengünstige Mobilkommunikation für den Massennutzer möglich und die Zahl der Mobiltelefonanschlüsse in Deutschland stieg von 3,76 Millionen (1995) und 48,15 Millionen (2000) bis auf 108,85 Millionen (2010) an, so dass seitdem von einer flächendeckenden Verbreitung gesprochen werden kann, die eine immer dichtere Netzabdeckung und höhere Übertragungskapazitäten durch neue Formen der Datenkomprimierung nach sich zog. Dem D-Netz lag erstmals der europaweite Standard GSM zugrunde, der die volldigitale Mobiltelefonie und erstmals Dienste wie paketvermittelte Datenübertragung oder Kurzmitteilungen erlaubte, wenngleich in den 1990er Jahren noch mit vergleichsweise niedrigen Übertragungsraten. Der Übergang zu UMTS und LTE-Netzen in Europa seit der Jahrtausendwende stellte letztlich den effektiven Schritt vom mobilen Telefon zum Smartphone dar und bedeutete eine Verschmelzung von Mobiltelefon und mobiler Datenkommunikation. Eine immer effizientere Komprimierung der Datenübertragung erlaubte es ab Mitte der 2000er Jahre in zunehmendem Umfang Bilder oder Videos mobil zu empfangen. Dies alles wurde auch nur möglich, weil Europa mit einem engmaschigen Netz aus Sendemasten überzogen wurde, die besonders in städtischen Ballungsgebieten nur wenige Häuserblocks voneinander entfernt lagen.

> Eine der grundlegenden technischen Entwicklungslinien seit den 1970er Jahren ist die Komprimierung sowohl durch Formate der Datenkompression wie die in den 1970er und 1980er Jahren entwickelte Bildkompressionsmethode JPEG oder die rasante Entwicklung der Datenspeicherung. Hinter den Bezeichnungen der Standards stecken nicht selten die Namen der Standardisierungskomitees, die sie entwickelt haben, so etwa JPEG (Joint Photographic Expert Group der Internationalen Telekommunikations Union) oder GSM (Groupe Spéciale Mobile der Europäischen Konferenz der Post- und Fernmeldeverwaltungen).

Info 9: Komprimierung

5.2.2 Logistik/Container

Gesteigerte Mobilität kennzeichnete seit den 1970er Jahren nicht nur den Transport von Informationen oder Personen, sondern auch den von Gütern. Im Zentrum der zunehmenden Mobilität im Bereich der Logistik stand der Container, der als standardisiertes Transportbehältnis auf alle Verkehrsträger und den gesamten Logistikbereich fundamentalen Einfluss nahm. In einer wachsenden Weltwirtschaft mit einer enormen Zunahme der internationalen Arbeitsteilung, stellte das Verkehrssystem bis zum Einsatz des Containers oftmals ein Nadelöhr dar. Die Be- und Entladung von Schiffen oder die Umladung zwischen den verschiedenen Verkehrsträgern kostete viel Zeit und Geld, v. a. innerhalb der Häfen. Die Lösung, um Kapazitäten zu erhöhen, boten eigentlich nur durchgehende Verkehrsketten vom Sende- zum Empfangsort, die mit der Durchsetzung des Containers in wachsendem Umfang möglich wurden. Der Container revolutionierte seit den 1970er Jahren das Transportwesen, weil er in einem vorher nicht gekannten Ausmaß Transportketten ermöglichte. Für Wirtschaft und Handel bedeutete der Container eine massive Reduktion von Transportkosten, die es – einmal mehr – ermöglichte, Güter zu handeln, die vorher aufgrund ihrer geringen Wertigkeit nicht gehandelt werden konnten. Alles in allem führte die Containerisierung zu kostengünstigeren und schnelleren Transporten, kürzere Liegezeiten, die Reduktion von Umladungsverlusten und die Erhöhung der Ladungssicherheit.

Die Bedeutung standardisierter Transportbehältnisse war bereits im frühen 20. Jahrhundert erkannt worden, woraus u.a. Paletten Systemen, wie zum Beispiel die Europalette, hervorgingen, doch sattelten diese frühen Formen auf der bestehenden technischen Gestalt der Verkehrsträger auf und veränderten diese selber nicht. Dies war beim Container anders, der eben auch Schiffe, LKWs und Eisenbahnen in ihrer jeweiligen baulichen Konzeption verändern sollte. Wenngleich eine exakte Bestimmung der Erfindung des Containers aufgrund vielfältiger Vorformen kaum möglich ist, kann dennoch die US-Amerikanische Pan-Atlantic Steamship Company als entscheidender Akteur in der Geschichte des Containers hervorgehoben werden, da sie 1956 mit der Ideal-X erstmals ein Containerschiff einsetzte, dessen Transportbehältnisse direkt auf einen spezialisierten LKW aufgesetzt werden konnten und damit intermodalen Verkehr ermöglichte. Damit wurden Verkehrssysteme durch standardisierte technische Elemente verkoppelt und der Transport beschleunigt. Insbesondere der Wechsel von See- auf Landtransport wurde durch den Container optimiert. Die zentralen Erfindungen waren dabei erstens Behälter mit Drehschlosssperre und Eckbeschlägen, die direkt auf einen LKW geladen werden konnten und zweitens landseitige Containerbrücken. 1962 setzte die Internationale Standardisierungsorganisation (ISO) eine Kommission ein, die allmählich die Maße des Containers für den globalen Masseneinsatz festlegte. Sie entwickelt eine Reihe standardisierter Container, von denen der 20 und der 40 Fuß-Container die gängigsten wurden.

In europäischen Häfen wurden Containerterminals erstmals im Jahr 1966 in Rotterdam und Bremen errichtet. Danach setzte sich das junge Prinzip schleichend durch, sodass in den 1990er und 2000er Jahren nahezu die gesamte Logistikbranche auf Container umstellte, sieht man einmal von Spezialbereichen für einzelne Massengüter, wie beispielsweise Öl oder der Transport von Autos, ab. Im Stückguttransport liegt der Containerisierungsgrad mittlerweile bei fast 97 %. Dass sich der Siegeszug des Containers über nahezu drei Jahrzehnte vollzog, lag daran, dass das neue System mit vielen bestehenden intermodalen Systemen wie der Europalette oder Roro-Systemen in der Schifffahrt konkurrieren musste. Neben dem Schutz einmal getätigter Investitionen in ältere Technologien waren umfangreiche Investitionen in die Hafen- und Transportinfrastruktur für die Umstellung auf den Container notwendig. Intermodaler Transport bedurfte der Verlegung neuer Infrastrukturen in die Hafengebiete oder komplett neuer Hafenanlagen. LKW-Wechselaufbauten mussten sukzessive zu Standardmaßen vereinheitlicht werden, Eisenbahnen benötigten neue Waggons und in der Schifffahrt mussten Zulieferschiffe, d. h. kleine Containerschiffe, angeschafft werden, die das Hinterland (Binnenschifffahrt) oder die Nebenmeere (z. B. Ostsee) bedienten. Gleichzeitig erweiterten sich die Transportkapazitäten von Containerschiffen von 700 Ladeeinheiten im Jahr 1968 auf 18 000 im Jahr 2016, so dass Containerterminals vergrößert werden mussten.

Abb. 10: NYK Virgo (2007). Ein Containerschiff mit 338m Länge und 45m Breite.

Die Einführung des Containers hatte vielfältige Folgen, die sich weit über den engeren Bereich der Logistikbranche hinaus auswirkten. Die technische Innovation des Containers veränderte seit den 1970er Jahren die Geografie und Funktion von Häfen und Hafenstädten in ganz Europa. Die Containerschifffahrt stellte grundlegend neue Anforderungen an einen Hafen. Es wurde mehr Stellfläche, größere Anlegeplätze und neue Umschlagtechnik benötigt, so dass sich Hafenstädte in ganz Europa seit den 1970er Jahren radikal verändern. Stadt und Hafen waren historisch betrachtet in der Regel eine Einheit gewesen und sollten durch den Container in Funktion und Geografie immer stärker entkoppelt werden. Die hierdurch ausgelösten Strukturwandlungen zwangen die Hafenstädte in ganz Europa, sich neu zu definieren, was hier am Beispiel Hamburg verdeutlicht werden soll.

Die Eröffnung des ersten Container-Terminals Burchardkai im Jahr 1968 stellte eine Zäsur für Hamburg dar. Mit dem Burchardkai entfernte sich der Hafen vom Stadtgebiet in dünn bis gar nicht besiedelte Stadtteile wie Waltersdorf, Moorburg oder Altenwerder und veränderte auch deren sozioökonomische Struktur grundlegend. So wurden dörfliche Landschaften zu Logistikzentren und erforderten – wie im Fall Altenwerders – die Umsiedlung von 2 500 Menschen, so dass die Einwohnerzahl des Stadtteils seit Eröffnung des Containerterminals Altenwerder bei drei liegt. Für die Containerterminals wurde in der ersten Hälfte der 1970er Jahre eine umfassende Infrastruktur für Straßen- und Bahnverkehr außerhalb des städtischen Ballungsgebiets errichtet, die den Containerhafen an die Autobahnen A1 und A7 sowie das Eisenbahnnetz anschloss. Mit dem Elb-Tunnel, der Kattwyk-Hubbrücke und der Köhlbrandbrücke wurden 1973–1975 gleich drei Großbauprojekte für den Verkehr freigegeben. Für Hamburg hatte dies zur Folge, dass sich der Handel mit Gütern fortan vor den eigentlichen Stadttoren vollzog. Große Lagerstädten wie die Speicherstadt oder größere Hafenkomplexe am Südufer der Elbe wurden für den Handel nicht mehr bzw. in sehr geringem Umfang benötigt. Mit der Eröffnung des Terminals Altenwerder wanderte der Hafen noch weiter die Elbe aufwärts. Im Jahr 2010 verfügte der Hafen über 320 Anlegeplätze für Schiffe, davon 38 für große Container-Schiffe. Alleine im Hafengebiet waren 372 km Eisenbahngleise verlegt.

In den 1970er und 1980er Jahren rief die Veränderung des Transportsektors in Hamburg eine fundamentale Strukturkrise hervor. Hafenarbeiter wurden in den automatisierten Containerhäfen kaum mehr benötigt, ebenso wurden alte Hafenbecken überflüssig und Lagerstätten verkamen zu Brachen. Die städtische Struktur- und Gewerbepolitik war nicht nur gezwungen, Konzepte für die Umnutzung ehemaliger Hafenareale zu entwickeln, sondern sie musste auch die Umwandlung der Gewerbestruktur begleiten. Die technische Innovation des Containers sollte sich so als eine Triebfeder des Wandels Hamburgs von einem Handels- zu einem Dienstleistungszentrum entwickeln. Die HafenCity, wie der ehemalige Freihafen inklusive der Speicherstadt nach dem Stadtentwicklungskonzept seit 1997 genannt wird, ist eine Antwort auf diese Herausforderungen. Ehemalige Hafenbecken wurden zugeschüttet und auf ihnen Kultureinrichtungen errichtet, Lagergebäude wurden zu Museen oder teuren Wohnanlagen umgebaut. Die Elbphilharmonie ist das sichtbarste Zeichen der Auswirkungen des Containers und das neue Wahrzeichen der Stadt. Errichtet im Kern und auf dem Dach des ehemaligen Kaispeichers A wurde eine Oper zum Vorzeigeobjekt einer Stadt, die Millionen Touristen eine moderne Variante von Hafenatmosphäre präsentiert. Damit steht Hamburg aber nicht alleine, sondern ist eine unter vielen europäischen Hafenstädten, die eine ähnliche Entwicklung durchlaufen.

5.2.3 Ressourceneffizienz

Techniken der Mobilität, die neben den genannten Varianten auch die massenhafte Durchsetzung von Auto- und Flugzeugverkehr in Europa umfassten, resultieren mit zunehmender Verbreitung in einen gestiegenen Energieverbrauch, einen zu hohen Ausstoß an Schadstoffen und erhöhte Energiekosten. Spätestens seit den 1970er Jahren haben sie so einen Bedarf an Technologie entstehen lassen, um die Ressourcennutzung und die Ressourceneffizienz zu steigern. Zuvor hatten Energiekosten eine eher untergeordnete Rolle gespielt, da Energieträger wie Öl und Kohle kostengünstig und massenhaft zur Verfügung standen. Das Hochgeschwindigkeitsflugzeug Concorde – eine britisch-französischen Gemeinschaftsproduktion, die in den frühen 1970er Jahren entwickelt und 1976 in Dienst gestellt wurde – kann als Indikator der Vorstellung vom schnellen Transport ohne Rücksicht auf Energiekosten oder ökologische Folgen gesehen werden. Entwickelt als Symbol europäischer technischer Fortschrittlichkeit wurde die Concorde bald zu einem wirtschaftlichen Desaster. Die Betriebskosten der Maschine und damit auch das Ticket für einen Flug waren so hoch, dass die Passagiere immer weniger bereit waren, ihn für eine Einsparung von drei Stunden auf einem Atlantikflug zu entrichten. Ressourcenschonende Technologie waren in der Planungs- und Bauphase der Concorde zwar nicht unbekannt, letztlich aber kein prioritäres Ziel von Wirtschaft, Gesellschaft und Forschung jedenfalls so lange Energie kostengünstig zur Verfügung stand.

> Die Concorde war eine Koproduktion der britischen und französischen Luftfahrtindustrie, die auf einem Regierungsabkommen von 1962 basierte. Sie war ein typischer Fall ›europäischer‹ Hochtechnologieprojekte, die von europäischen Staaten gemeinsam realisiert wurden, um die Kosten für die Forschung und den Aufbau der Produktion zu teilen. Die Concorde stellte ein hochinnovatives Verkehrsmittel dar, dass neue Geschwindigkeitsmaßstäbe in der zivilen Luftfahrt setzte. Aber das Projekt war von Beginn an bei der britischen Regierung aufgrund der hohen Kosten umstritten und wurde nur aus politischen Gründen überhaupt fortgesetzt. Zu einem wirtschaftlichen Erfolg wurde die Concorde nie.

Info 10: Concorde

Dies änderte sich ab den 1970er Jahren. Die Steigerung des Ölpreises führte in mehreren Schritten nicht nur zu einer Erhöhung der Produktionskosten, sondern auch zu einem Umdenken von Politik und Bevölkerung im Umgang mit Energie. In der 1972 vom Club of Rome vorgelegten Studie ›Die Grenzen des Wachstums‹ wurden Szenarien vom Energieverbrauch der Menschheit gezeichnet, die massiv vor der Endlichkeit der Ressourcen warnten und einen schonenderen Umgang mit natürlichen Rohstoffen einforderten. Die relative Wertigkeit von Energie stieg binnen weniger Jahre, wozu auch die Diskussion über die Folgen und Risiken der Nutzung von Atomkraft beitrug. Der Umweltschutz kam seit den 1980er und 1990er Jahren – ein Stichwort ist hierfür das Ozonloch – als Katalysator der Entwicklungen hinzu. National wie international wird seitdem über Ressourceneffizienz und Ressourcen schonende Mobilität diskutiert und nachgedacht. So ging es in den 1980er Jahren um Techniken der Reduktion von Flurchlorkohlenwasserstoffen, Kohlendioxid und anderen Treibhausgasen. Der Verbrauch von Öl und Kohle sollte deutlich reduziert und stattdessen regenerative Energien gefördert werden. Damit wurde in den 1970er und 1980er Jahren ein Thema auf die Tagesordnung gesetzt, das Politik, Wirtschaft und Gesellschaft bis heute nachhaltig ändern sollte.

Zweierlei normative Anforderungen werden seit den 1980er Jahren in den meisten europäischen Staaten an Politik, Wissenschaft und Wirtschaft gestellt. Die Politik – so die Protagonisten aus den Bereichen Ressourceneffizienz und Umweltschutz – soll den Ressourcenverbrauch durch Verbote regulieren und Anreize zur Umstellung für die Entwicklung neuer Technologien schaffen. In der Folge des globalen Strukturwandels, der durch die zunehmende Gütermobilität und der damit zunehmenden Konkurrenz massiv vorangetrieben wurde, werden Ressourceneffizienz und Ressourcenproduktivität seit der Jahrtausendwende immer öfter zur nachhaltigen Sicherung europäischer Industriestandorte diskutiert. So legte die Europäische Union 2005 eine ›Leitinitiative für ein ressourcenschonendes Europa‹ vor und auch die nationalen Regierungen gingen das Thema an. Eine Vorreiterrolle in Europa kam dabei Schweden zu, wo bereits 1988 vom Parlament die ersten Entwürfe eines umfassenden Gesetzespakets zur Reduktion des CO_2-Ausstosses diskutiert und 1993 schließlich verabschiedet wurde. Gleichzeitig sollte die Politik aber auch die Interessen der Wirtschaft nach langfristiger Benutzung bereits bestehender Technologien berücksichtigen, so dass die Diskussion über den Einsatz ›grüner Technologien‹ sich seitdem permanent mit dem Zielkonflikt von Kosteneffizienz und Umweltschutz konfrontiert sieht. Wissenschaft und Wirtschaft sind zwar angehalten, Ressourcen schonende Technologien bei der Erzeugung und dem Verbrauch von Energie zu entwickeln, aller-

Abb. 11: Wahlplakat der Partei ›Die Grünen‹ zum Ozonloch (1990).

dings scheiterten diese vielfach wegen fehlender Konkurrenzfähigkeit oder Akzeptanz durch den Kunden, was sich besonders an der Elektromobilität im Bereich des Individualverkehrs zeigte. Obgleich sich mit dem Einbau von lithiumbasierten Akkus in den 2000er Jahren oder auch dem Hybridantrieb die Einsatzbereiche derartiger Autos verbesserten und die Politik monetäre Anreize schuf, auf Elektroautos umzustellen, lag im Jahr 2015 der Anteil von Elektroautos in den meisten europäischen Staaten unter 1 %. Geringe Reichweite und hohe Anschaffungskosten hielten die europäischen Autofahrer zumeist davon ab, auf Ressourcen schonende Technik umzustellen. Bemerkenswerterweise weist nur der größte Erdölförderer Europas, Norwegen, mit mehr als 20 % einen signifikanten Anteil von Elektroautos auf. Nichtsdestotrotz setzte in den 1990er Jahren eine Neubewertung von ›Grünen Technologien‹ ein und erklärte diese zu zukunftsträchtigen Hochtechnologien.

Es lassen sich drei Typen ›grüner Technologien‹ unterscheiden: (1) Technologien der Energieerzeugung wie effizientere Energieträger, Solarenergie und Photovoltaik, Windenergie und Windkraft oder Wasserkraft und Wärmerückgewinnung. (2) Technologien des Energieverbrauchs wie Abschalttechnologie und Technologien zur Senkung des Energieverbrauchs oder Energiespeicherung. (3) Technologien der Energieversorgung wie größere und transkontinentale Energieketten und Transportinfrastrukturen, u. a. mittels Pipelinesystemen.

Info 11: Grüne Technologien

5.3 Vernetzung

Vernetzung stellt eine zweite bedeutsame Folge technischer Innovation und Entwicklung dar. Zwar sorgten seit dem 19. Jahrhundert Infrastruktursysteme wie etwa die Eisenbahnen, Straßen oder Telefonlinien für eine interne Vernetzung Europas. Allerdings bedeutete die Vernetzung von Computern zu immer größeren digitalen Datennetzen seit den 1970er Jahren eine qualitative Veränderung, die Politik, Wirtschaft und Gesellschaft in Europa massiv verändern sollte: von der Industrie 4.0 bis hin zur permanenten digitalen Präsenz via Smartphones. Dabei ist aber die Genese digitaler Datennetze ein historischer Vorgang, der sich sehr kleinschrittig über viele kleine technische Einzelinnovationen vollzog, die hier lediglich angedeutet werden, um die Prozesshaftigkeit der Vernetzung zu unterstreichen.

Der Wunsch nach einer effektiveren Informationsverarbeitung kam bereits im 19. Jahrhundert auf, u. a. weil ein expandierendes Staatswesen und seine Verwaltung zunehmend Informationen sammelte und bearbeitete. Militär, Verwaltung und Forschungseinrichtungen waren weitere wesentliche Faktoren auf dem Weg zu einer effizienteren Verarbeitung von Daten. Den Anfang machten Lochkartensysteme, die im Laufe des Zweiten Weltkriegs erstmals von elektronischen Rechenmaschinen, den ersten Computern, ergänzt wurden. Pioniergeräte waren der Zuse Z3 in Deutschland oder der Electronic Numerical Integrator and Computer (ENIAC) in den USA. Einsatzbereiche waren etwa die Berechnung der Flugbahnen von Projektilen und Raketen oder auch die Erfassung von Bürgerdaten in Zentralregistern.

Eine besondere Bedeutung erlangte die Ausbreitung der Mikroelektronik als Grundlage der Computertechnologie, da sie Größe und Kosten von Computern radikal verringerten. Sie löste in den 1980er Jahren einen Diffusionsprozess aus, der von einer Nachfrage nach verbesserter Datenverarbeitung getragen wurde. Der Computer eroberte Behörden, größere und mittlere Unternehmen und hielt in Europa Mitte der 1980er Jahre durch den Commodore C64 im privaten Haushalt Einzug. Kaum ein Bereich aus Wirtschaft und Gesellschaft blieb von den technischen Umwälzungen ausgenommen, wobei die tatsächliche Computerisierung eigentlich in den frühen 1970er Jahren in den USA mit Intel, Texas Instruments, IBM und Apple begann.

Der Computer war zwar eine zentrale Erfindung auf dem Weg in die digitale Welt, seine tatsächliche Wirkungskraft entfaltete er aber erst durch die Vernetzung. Als Ursprung vernetzter Computerwelten und damit auch des Internets wird zumeist das 1969 von der US-Luftwaffe und dem Massachusetts Institute of Technology entwickelte Advanced Research Projects Agency Network (ARPANET) betrachtet. Es sollte eine zukunftsweisende Technologie sein, die bis heute grundlegende Elemente des Internets einführte. Das ARPANET verfügte über eine dezentrale Netzstruktur, d. h. das Netzwerk besaß nicht einen Hauptknotenpunkt über den die Informationen vermittelt wurden, sondern viele verschiedene Verbindungen und Knoten. Darüber hinaus erfolgte die Datenübertragung paketvermittelt. Informationen wurden anders als bei der vorherigen analogen Übertragung, bei der eine Leitung von einer Verbindung komplett belegt wurde, nun in Pakete zerlegt und nacheinander gesendet. Die Pakete wurden dann in den Vermittlungsknoten zwischengespeichert und zusammengesetzt. Auf diese Weise erreichte das ARPANET wesentlich höhere Übertragungskapazitäten, weil viele Informationen hintereinander gesendet werden konnte.

In den 1970er Jahren wurde dann an verschiedenen Stellen in den USA und Europa an Netzwerkprotokollen geforscht, woraus sich zwischen 1978 und 1983 allmählich der Protokolltyp TCP/IP herauskristallisierte. Der Durchbruch war die Erhebung von TCP/IP zum Standardprotokoll durch das US-Verteidigungsministerium, wodurch es auch im ARPANET Anwendung fand. Wenngleich die zunächst bedeutsamsten Impulse aus den USA kamen, wurde auch in Europa an der Verbesserung der Datenkommunikation geforscht. So entstand 1978 das European Informatics Network, das aus einer EG-Förderung und einer gemeinsamen europäischen Forschungsinitiative hervorgegangen war. Auf europäische Vorarbeiten aufbauend sprach 1976 die Internationale Telekommunikationsunion (ITU) erstmals die Empfehlung des Protokollstandards X25 für Computernetze über Telefonleitungen aus. Triebfeder der Vernetzung waren auch die großen Computerhersteller wie IBM, Nixdorf und Bull. Hinzu kamen subkulturelle Milieus, die sich der Technologie annahmen und diese weiterentwickelten. In vielen europäischen Staaten machten Hackerclubs – wie in Deutschland der Chaos Computer Club – auf sich aufmerksam. Wenngleich deren Beitrag zur technischen Entwicklung vernetzter Computer oftmals überschätzt wird, fiel ihnen eine wichtige Funktion in der Debatte um den Netzzugang zu. Indem sie mittels Akustikkopplern und Modems das Monopol der staatlichen Telekommunikationsverwaltungen in Europa auf das Telefonnetz unterwanderten, warfen sie indirekt die Frage auf, wer denn überhaupt Zugang zu den Datennetzen haben sollte, und wie die Daten vernetzter Computer geschützt werden sollten. Dass nämlich der Zugang zu Datennetzen und später dem Internet für die europäischen Bürger offen sein sollte, war anfangs nicht klar. Viele Technikentwickler versuchten digitale Datennetze durchzusetzen, die nicht über das öffentliche Telefonnetz betrieben wurden, sondern über gesonderte Breitbandnetze mit Glasfaserkabeln.

Damit wären höhere Übertragungskapazitäten realisiert worden, allerdings wäre die breite Masse der europäischen Bürger wegen hoher Investitionskosten und damit auch hoher Betriebskosten vom Zugang zu Datennetzen ausgeschlossen gewesen.

Abb. 12: Werbung der deutschen Bundespost für BTX. (1986)

Für die Entwicklung digitaler Datennetze spielten im Europa der 1970er bis 1990er Jahre die großen staatlichen Monopolunternehmen der Telekommunikationsbranche sowie deren Zulieferindustrie wie Siemens, Standard Elektrik oder Philips eine wichtige Rolle. Sie trieben in der ersten Hälfte der 1980er Jahre die europaweite Vereinheitlichung des Integrated Services Digital Network (ISDN) voran, dass insofern ein zentrales europäisches Transformationsphänomen in die digitale Welt war, weil es technische wie betriebliche Grundstandards für Jahrzehnte festlegte, u. a. mit der Entscheidung für offene Datennetze. Mit ISDN und ähnlichen Technologien wurde Datenkommunikation für die breite Masse der Bevölkerung über das Telefonnetz realisiert, wenngleich zunächst mit bescheidenen 144 kbit/s Übertragungsraten. Bestehende Netze konnten genutzt werden, weil die Vermittlungsstellen in den alten Telefonnetzen digitalisiert wurden. Seit den 1990er Jahren sorgten dann technische Verbesserungen der verschiedensten Komponenten digitaler Datenübertragungsnetze – seien es Breitbandübertragungskabel, effektivere Methoden der Datenkomprimierung oder auch die Verschmelzung von Mobilkommunikation und Kabelnetzen – für eine zunehmend stärkere Durchdringung europäischer Gesellschaften mit digitalen Netzen, die dann die Basis für die starke Verbreitung des Internets darstellten.

Für die Verbreitung des Internets in Europa und der westlichen Welt sind, neben der Entwicklung der materiellen Komponenten, die Jahre 1983 bis 1995 entscheidend. In Europa wurde zunächst 1984 das Academic Research Network als eine Pioniervernetzung größeren Umfangs in Darmstand installiert. Parallel dazu setzten sich in den USA erste kommerzielle Internetdienstanbieter wie CompuServe oder Microsoft durch, die sich als Pioniere elektronischer Postübermittlung (später E-Mail) oder von Betriebssystemen wie MS-DOS erwiesen. 1989 wurde am europäischen Kernforschungszentrum (CERN) in Genf ein Programm entwickelte, mittels dessen Dateien auf anderen Rechner gefunden und verlinkt werden konnten: das World Wide Web. Zur Programmierung wurde dabei die ›Hypertext Markup Language‹ (HTML) benutzt. Die Software wurde im Internet übernommen und etablierte sich schnell als Standard, so dass 1993/94 erste Browser entwickelt wurden, die in Design und Anwendung noch sehr an die Textverarbeitungsprogramme angelehnt waren. Wenngleich viele weitere Entwicklungsschritte notwendig waren, u. a. gab es seit 1995 Real-Audio-Technologien zur Übertragung von Musik und Videos, hatten sich die Grundlagen gebildet, auf denen das Internet sich zum Massenphänomen entwickeln konnte.

In den 1990er Jahren wuchs dann die Zahl der im Internet vernetzten Server schnell von 100 000 auf ca. 100 000 000 an. War das Internet 1990 mit einem Anteil von unter 1 % praktisch noch unbedeutend für den Informationsaustausch mittels Telekommunikationsnetzen in Europa, so sollte es gegen Ende des Jahrzehnts auf ca. 50 % ansteigen und in den 2000er Jahren die 90 % Marke überschreiten. Die Veränderung des Informationsaustauschs rief einen völlig neuen Bedarf an Regulierung von Technik bzw. ihrer Anwendungen hervor, wozu auch der Umgang mit massenhaft erzeugten und kombinierbaren Daten zählt. Datenschutzgesetze oder auch das Urheberrecht unterliegen in Europa seit der Vernetzung von Computern einem enormen Anpassungsdruck, wobei es unterschiedliche Aspekte gegeneinander abzuwägen gilt, u. a. den Schutz von Persönlichkeitsrechten (informationelle Selbstbestimmung) mit der Frage der Nutzung von Daten zur Verbrechens- bzw. Terrorismusbekämpfung oder zu Kriegseinsätzen. Nationale Insellösungen bieten oftmals keine Lösung in globalen oder europäischen Netzen. Deshalb hat sich die Europäische Union seit Mitte der 1990er Jahren dem Thema des Datenschutzes zugewandt, u. a. mit der Richtlinie 97/66/EG über die Verarbeitung personenbezogener Daten und den Schutz der Privatsphäre im Bereich der Telekommunikation, die auch als ISDN-Richtlinie bekannt wurde. Dabei ist es eine Herausforderung der Rechtsetzung, sich an das Tempo des technischen Wandels anzupassen oder einheitliche europäische Lösungen zu finden. Dies gilt umso mehr, als die Abgrenzung zwischen privater und öffentlicher Kommunikation insbesondere in digital vernetzten Medien völlig neu verhandelt wird, wobei es innerhalb Europas und zwischen Generationen große Unterschiede beim Standpunkt gibt, welche Informationen der einzelne Mensch von sich preisgeben möchte und welche nicht.

5.4 Fazit

Seit den 1970er Jahren hat eine Reihe technischer Innovationen, Inventionen und Weiterentwicklungen die Mobilität und Vernetzung Europas massiv vorangetrieben und damit die massenhafte Zirkulation von Menschen, Gütern und Informationen innerhalb Europas überhaupt erst möglich gemacht. Technische Entwicklungen wirkten sich aber nicht einseitig auf die Gesellschaften Europas aus, sondern wurden ebenso vor dem Hintergrund gesellschaftlicher, politischer und wirtschaftlicher Bedürfnisse nach Informationsübermittlung, Güter- und Personenmobilität gestaltet. Technologien wie Smartphones oder das Internet verändern einerseits Verhaltensroutinen, u. a. verlagert sich zwischenmenschliche Kommunikation und Interaktion auf Plattformen und soziale Medien. Andererseits werden diese an Bedürfnisse der Mobilität und Vernetzung angepasst.

Vernetzung und Mobilität prägten nicht zuletzt die Wirtschaft. Unternehmen passten ihre Produktion und Produkte an die Maße des Containers oder den Einsatz von Computern an, bauten aufgrund der immer besser kalkulierbarer Transportströme die Lagerhaltung ab und gingen zur just-in-time Produktion über. So waren der Einsatz des Containers oder vernetzter Computer wesentliche Bausteine für die Entstehung komplexer, multinationaler Unternehmen, die dann ab den 1990er Jahren zunehmende Bedeutung für die Weltwirtschaft erlangten, weil sie die Möglichkeiten dezentraler Produktion durch Unternehmenskooperation ausschöpften. Rationalisierung in Unternehmen erfolgten aufgrund von Mikroelektronik sowie Vernetzung und befeuerten massiv sowohl den industriellen Strukturwandel in den 1970er Jahren als auch die Diskussion um die ›Industrie 4.0‹.

6 Gewalt

6.1 Vorbemerkungen

Gewalt ist ein sehr facettenreicher Begriff, der umfassender ist als alternative Begriffe, wie beispielsweise Krieg, Terrorismus oder Kriminalität. Hier wird ein besonderer Fokus auf Gewalt in Form von Krieg und Terrorismus gelegt, die sich seit den 1970er Jahren in Europa radikal verändert haben. Wenn Krieg und Terrorismus dabei getrennt dargestellt werden, so ist diese Trennung rein analytisch. Dabei hängt Gewalt in ihrer Definition stark von der jeweiligen Wissenschaft und deren Erkenntnisinteresse ab. In der Politikwissenschaft etwa wird er eher neutral verwendet im Sinne der Gewaltenteilung zwischen Exekutive, Legislative und Judikative oder zur Bezeichnung des Gewaltmonopols, wobei dieses als Recht auf Gewalt bzw. die Eindämmung von Gewalt im Inneren wie im Äußeren definiert wird und Aspekte umfasst, wie etwa das Strafrecht oder die Polizeiordnungen. Diese Verwendung des Begriffs Gewalt, bzw. seiner Bedeutung, stand schon im Fokus anderer Kapitel, v. a. in den Kapiteln Staat und Recht, wo es indirekt um Aspekte wie die Definition des Gewaltmonopols oder die Sanktionierung von Gewalt ging. In den internationalen Beziehungen wird das Gewaltmonopol über das Völkerrecht (das Kriegsrecht) oder das EU-Recht bestimmt. Eine zweite hier verwendete Bedeutung zielt mehr auf Aggression im Sinne des Bruchs mit bestehenden Normen und Institutionen der Regulierung von Gewalt ab. Unterscheiden lässt sich zudem zwischen Gewalt durch den Staat und Gewalt im privaten Bereich, die zwar durch staatliches Recht reguliert ist, hier aber nicht systematisch diskutiert wird.

Drei Aspekte der Entwicklung von Gewalt seit 1970 werden im Folgenden besonders betont: (1) Gewalt hat sich mit Blick auf innerstaatlichen wie zwischenstaatlichen Terrorismus in ihren Formen, Zielen und Verläufen radikal gewandelt. (2) Gewalt und Gewaltprävention müssen in Europa wie in der Welt aufgrund neuer weltpolitischer Konstellationen, v. a. nach dem Ende der Bedrohungslage des Kalten Kriegs seit 1989/90, neu gedacht werden. So haben die Kriege und Terrorakte der 1990er und 2000er Jahre die bestehenden Militärbündnisse ebenso wie die Vereinten Nationen und das Kriegsrecht gezwungen, die Konfliktregulierung und das Konfliktmanagement neu auszurichten. (3) Dies gilt umso mehr, als viele gewaltsame Auseinandersetzungen nunmehr als asymmetrische Kriege bzw. Konflikte zwischen grundsätzlich unterschiedlichen Konfliktparteien (Größe, Technik etc.) bezeichnet werden müssen.

6.2 (Asymmetrischer) Krieg und Terrorismus

Die Abgrenzung der Begriffe Krieg und Terrorismus ist nicht immer trennscharf vorzunehmen. In der Praxis kommen vielfältige Überlappungen und Veränderungen im Zeitverlauf vor, so dass jegliche Bemühung um eine Definition Unschärfe aufweisen muss. Beide Phänomene gehen mitunter fließend ineinander über bzw. hängen von der jeweiligen Perspektive auf den Konfliktfall ab. Nicht selten wird der Kampf gegen bewaffnete Gruppierungen im Inneren von den einen als Kampf gegen den Terrorismus bezeichnet, während andere darin einen Freiheitskampf sehen. Das Urteil der Geschichtswissenschaft hängt dabei oftmals vom Ausgang des Konflikts und der jeweiligen Perspektive ab. Zielen gewaltsame Aktionen nicht darauf ab, den politischen Status Quo zu verändern, muss eher von Kriminalität gesprochen werden. Wie wenig trennscharf beide Begriff sind, zeigt sich nicht zuletzt im von US-Präsident George Bush ausgerufenen ›Krieg gegen den Terrorismus‹, der gezielt beide Arten der Gewalt aufeinanderprallen lässt.

Für die Unterscheidung von Krieg und Terrorismus muss immer bedacht werden, dass die Frage des Gewaltmonopols, die bisher (im Völkerrecht) dem souveränen Nationalstaat zugesprochen wurde, global zunehmend umstritten ist. So erodiert einerseits in vielen Staaten der Erde das staatliche Gewaltmonopol; dies gilt v.a. für die südliche Hemisphäre. Andererseits gestaltet sich die Legitimation des Gewaltmonopols global sehr unterschiedlich und folgt nicht zwangsläufig dem Modell der nationalen Staatlichkeit, wie es durch das Völkerrecht suggeriert wird.

Terrorismus verfügt über ganz unterschiedliche Formen und besitzt eine Reihe von Merkmalen, wie das Ziel der Verbreitung von Angst, um Meinungen zu beeinflussen. Terroristen verüben in der Regel spektakuläre Aktionen mit massenmedialer Wirkung, um psychischen Druck auf die öffentliche Meinung auszuüben. Beim grenzüberschreitenden Terrorismus geht es zumeist nicht um die Besetzung eines Territoriums als langfristiges Ziel, sondern um die Unterwanderung herrschender Machtstrukturen. Bei binnenstaatlichem Terror wiederum, kann es aber vorkommen, dass der urbane Raum in den Fokus der Anschläge gerät. Bei den Formen des Terrorismus lässt sich zwischen binnenstaatlichem, zwischenstaatlichem und transnationalem Terrorismus unterscheiden, ebenso von den Zielen und Motivationen aus betrachtet zwischen religiösem, kulturellem, ethnischem oder politischem Terrorismus.

Krieg hingegen ist eine gewaltsame Auseinandersetzung, die sich zumeist zwischen zwei Staaten vollzieht. Eine zentrale Entwicklung in der gewaltsamen Auseinandersetzung zwischen Staaten seit den 1970er Jahren ist die zunehmende Asymmetrie zwischen den Kriegsparteien in den Bereichen Technik, Größe und Organisation, wobei es zu betonen gilt, dass Terrorismus praktisch immer eine Form des asymmetrischen Konflikts oder der asymmetrischen Kriegsführung ist. Die Ursachen der zunehmenden Asymmetrie sind in den Kosten moderner Kriege sowie der rasanten Entwicklung der Waffentechnologie zu suchen. Drohnen, GPS-gesteuerte Waffen, Tarnkappenbomber oder Cyber-Krieg mittels Datennetzen können hier als Beispiele angeführt werden. Die technische Überlegenheit der einen Seite wird dabei von der anderen Seite kompensiert durch den Bruch mit bestehendem

Kriegsrecht, insbesondere wird das Schutzrecht der Zivilbevölkerung verletzt, die zunehmend gleichermaßen als Unterschlupf und Ziel missbraucht werden. Eine direkte militärische Konfrontation, wie sie zwischen den Millionenheeren des Ersten und Zweiten Weltkriegs noch der Fall war, kommt für die unterlegene Partei nicht mehr in Frage. Stattdessen sollen Partisanenkämpfe und gewaltsame Einzelaktionen wie Nadelstiche zu Überreaktionen oder Frustration bei der überlegenen Partei führen, u. a. um die Unterstützung durch die Bevölkerung oder durch die internationale Gemeinschaft zu verlieren.

Abb. 13: Der Einmarsch sowjetischer Truppen in Afghanistan (1980)

Für die europäischen Staaten vollzog sich ein schleichender Übergang von der Symmetrie zur Asymmetrie, der sich erstmals deutlich in den Kolonialkriegen zeigte. Die Kriege in Vietnam und Afghanistan stellten in den 1960er, 1970er und frühen 1980er Jahren bedeutsame Stationen auf dem Weg zu mehr Asymmetrie dar. Die Irakkriege der Jahre 1990 und 2003 sind Sonderfälle, weil einerseits eine irakische Armee vorhanden war, andererseits aber eine ausgeprägte waffentechnologische Asymmetrie vorlag. Es wäre aber irreführend von ›neuen Kriegen‹ zu sprechen, weil sich derartige Konflikte bis in die Antike zurückverfolgen lassen.

Asymmetrische Kriege enden oftmals ohne tatsächliche Gewinner oder einen klaren Friedenschluss. Schon der Vietnam-Krieg endete ohne tatsächlichen Sieg einer Kriegspartei und hinterließ ein nachhaltig zerstörtes Land. Auch die Kriege im Irak oder in Afghanistan hinterließen instabile Regionen. Völlig unabhängig davon, ob man den Zweistaatenkrieg als Auslaufmodell bewertet oder nicht, stellen die graduellen Verschiebungen hin zur Asymmetrie eine große Herausforderung für das internationale Kriegsrecht dar, welches vor dem Hintergrund des symmetrischen Staatenkriegs des 19. und 20. Jahrhunderts entstanden war.

6.3 Krieg in Europa

Waren gewaltsame militärische Konflikte auch aufgrund des atomaren Bedrohungspotentials im Kalten Krieg von der europäischen Landkarte zunächst verschwunden, so stellten die Jugoslawienkriege in den 1990er Jahren für die Entwicklung von Gewalt innerhalb Europas eine markante Zäsur dar. Erstmals seit Beendigung des Zweiten Weltkriegs kehrten der gewaltsame Krieg und Massenmorde zurück auf den Kontinent. Dies ist umso bemerkenswerter, als dabei auch religiöse Konflikte zwischen Katholiken, Orthodoxen und Muslimen wieder auf die Tagesordnung gesetzt wurden, wie es sie in dieser Art lange nicht mehr gegeben hatte. Die Jugoslawienkriege können auch als ein Grenzfall zwischen binnenstaatlichem Terrorismus und Staatenkrieg bezeichnet werden, weil beides in die Auseinandersetzung hineininterpretiert werden kann, und sich die Staatlichkeit innerhalb Jugoslawiens radikal veränderte. Es ging auf dem Balkan der 1990er Jahre nicht um die Separation einzelner Territorien von einem bestehenden Staatswesen, sondern um eine komplette Auflösung eines völkerrechtlichen Gebildes, des Bundesstaats Jugoslawien, so dass auch die völkerrechtliche Gestalt einzelner Territorien nicht immer eindeutig war. Was bedeutete etwa die Anerkennung Sloweniens und Kroatiens 1991 als eigenständige Staaten durch andere europäische Staaten, wie etwa die Bundesrepublik, für die Bewertung der Art des Konflikts? Erlangten die vielen sich loslösenden Territorien eigene Staatlichkeit? Ab wann waren die jeweiligen Separationen völkerrechtlich legitim?

Eindeutige Antworten auf diese Fragen lassen sich kaum finden. Unstrittig ist jedoch, dass in Europa der Genozid zurückkehrte. Eine Gemengelage aus nationaler Identität, verschiedenen Religionen und Sprachen erwies sich als Sprengstoff und löste einen fast ein Jahrzehnt andauernden Prozess der gewaltsamen Zerstückelung des Bundesstaats Jugoslawien aus. Auch ökonomische Unterschiede spielten für die Separationsbestrebungen eine starke Rolle, weil die reicheren Territorien Slowenien und Kroatien im zerfallenden Bundesstaat Jugoslawien die wirtschaftlich schwächeren Regionen nicht länger unterstützen wollten.

Die einzelnen Auseinandersetzungen des Jugoslawienkonflikts unterschieden sich nach Konfliktintensität, Verlauf und den Konfliktparteien enorm. Die fünf Jugoslawienkriege waren:

1991: Slowenien-Krieg
1991-95: Kroatien-Krieg
1992-95: Bosnien-Krieg
1999: Kosovo-Krieg
2001: Mazedonien-Krieg

Während die frühen Kriege, v. a. der erste Separationskrieg Sloweniens, recht kurz ausfiel, gestalteten sich spätere Konflikte komplizierter und langwieriger. Die Opferzahlen der einzelnen Kriege sind im Detail nicht bekannt, allerdings forderte alleine der Bosnien-Krieg ca. 100 000 Menschenleben. Insbesondere bosnische Serben ermordeten, demütigten und vergewaltigten in strategisch geplanten Aktionen muslimische Bevölkerungsteile in Bosnien-Herzegowina. Sie zeichneten sich damit verantwortlich für die schlimmsten Eskalationen von Gewalt innerhalb Europas seit 1945. Die gewaltsamen Konflikte lösten auch eine Migrationswelle in Europa aus, bei der viele Menschen in Staaten wie der Bundesrepublik Asyl suchten. Alleine im Jahr 1991 flohen drei Millionen Menschen vor Krieg und Gewalt in Jugoslawien.

Kennzeichnend für die Jugoslawienkriege ist die wechselnde Rolle der Kriegsparteien, die mal eher Opfer mal eher Täter waren, was sich insbesondere in den seit 1992 immer intensiver vorgenommenen ethnischen Säuberungen und Vertreibungen zeigte. Zu deren frühem Fokusgebiet wurde die Region Krajina im östlichen Teil des heutigen Kroatiens. Im Kroatien-Krieg, der sich insgesamt über die Jahre 1991 bis 1995 erstreckte, löste sich zunächst die Republik Serbische Krajina von Kroatien, was zur Folge hatte, dass kroatische Bevölkerungsteile vertrieben und bosnische Serben angesiedelt wurden. So fiel die Zahl der kroatischen Bevölkerung in der Krajina von 550 000 auf ca. 50 000 ab, während die Zahl der Serben von 625 000 auf 875 000 anstieg. Nach der Rückeroberung durch Kroatien im Jahr 1995 flohen wiederum 200 000 Serben und ein Großteil der Kroaten kehrte zurück.

Für die UN und die bestehenden militärischen Bündnisse wie die NATO stellten die Jugoslawien-Kriege eine zentrale Etappe im Transformationsprozess der 1990er Jahre dar. Im Oktober 1992 griff die NATO erstmals im UN-Auftrag in den Bosnien-Krieg ein, um Flugverbotszonen und den Schutzkorridor für Sarajewo zu überwachen und durchzusetzen. Wurden bis in den November 1994 auch die UN-Schutzzonen weitgehend akzeptiert, so sorgten serbische Angriffe auf die Schutzzone Bihac im Bosnien-Krieg erstmals für eine Verletzung internationaler Schutz- und Hilfsbemühungen.

Für die Haltung der internationalen Gemeinschaft zu den Jugoslawien-Kriegen und ihren einzelnen Auseinandersetzungen stellte das Jahr 1995 einen Wendepunkt dar. Nachdem die internationale Gemeinschaft zunächst zurückhaltend reagierte, ging sie fortan zu aktiven Interventionen mittels Luftschlägen über, die massiv in den Kriegsverlauf eingriffen. Hauptanlässe für den Strategiewechsel waren die Geiselnahme von 400 UN-Blauhelm-Soldaten im Mai sowie das Massaker von Srebrenica im Juli 1995. Im Bosnien-Krieg wurde die Weltgemeinschaft somit nicht nur direkt angegriffen, sondern sie stand auch hilflos neben dem Genozid muslimischer Bosnier. Im Falle Srebrenicas sollte die Stadt zwar eigentlich durch niederländische Blauhelmsoldaten der UN vor dem Kriegsgeschehen geschützt werden. Als aber im Juli 1995 die serbische Armee unter der Führung von General Ratko Mladic auf die Stadt vorrückte, nahm sie die UN Blauhelme, insgesamt 170 Soldaten, als Geiseln. Anschließend wurde in der Stadt der größte Massenmord in Europa seit dem Zweiten Weltkrieg verübt. Insgesamt 7 400 bosniakische Jungen und Männer wurden zusammengetrieben und danach auf brutale Art und Weise hingerichtet. Die NATO griff wegen der Geiselnahme der UN-Soldaten zunächst nicht ein, beschloss dann im August aber mit Luftschlägen zu reagieren. Binnen weniger Wochen flogen acht NATO-Mitgliedsstaaten 3 500 Einsätze und zwangen die serbische Armee zum Rückzug. Sogar die Bundesrepublik beteiligte sich an der Aktion, womit auch eine Neudefinition des Aufgabengebiets der Bundeswehr angestoßen wurde. Das Eingreifen der NATO veränderte die Situation im Bosnien-Krieg nachhaltig und noch im gleichen Jahr wurde mit dem Dayton-Abkommen der Krieg beendet. Dies sicherte Bosnien-Herzegowina die territoriale Integrität zu und legte fest, dass das Abkommen fortan durch eine internationale Schutztruppe durchgesetzt und überwacht wurde.

Das Eingreifen internationaler Militärbündnisse wie der NATO, die mit einem UN-Mandat ausgestattet waren, sollte fortan nicht nur den weiteren Verlauf der Jugoslawienkriege prägen und sich auch im Kosovo-Konflikt als kriegsentscheidend erweisen, sondern zur Neudefinition internationaler Mechanismen der Regelung von Krieg und Gewalt beitragen – v. a. des internationalen Kriegsrechts und der internationalen Strafgerichtsbarkeit. Es wäre aber verkürzt, diese Entwicklungen alleine auf die Jugoslawienkriege zurückzuführen. Die europäischen Staaten mussten sich bereits 1990 erstmals mit der Frage von Krieg und Gewalt auseinandersetzen, als der Irak am 2. August die weltpolitische Unsicherheit in der Phase des Umbruchs im Ostblock ausnutze, um nach Kuwait einzumarschieren. Wenngleich der zur Befreiung von Kuwait gestartete internationale militärische Einsatz ›Operation Dessert Storm‹ im Wesentlichen von den USA durchgeführt wurde, ging es doch auch um die Frage, wie sich Europa an einem globalen Konfliktmanagement beteiligen wollte. Die darauf gegebenen Antworten der europäischen Staaten wiesen eine starke Varianz auf, wobei sich in den 1990er Jahren etwa die Bundesrepublik passiv gegenüber direkten Kampfeinsätzen verhielt, während Großbritannien sehr aktiv an der Seite der USA standen.

6.4 Staatliche Gewalt im Inneren

Gewalt der bestehenden Staatsmacht gegenüber ethnischen, religiösen oder politischen Minoritäten bzw. Dissidenten im Inneren ist ein elementarer Bestandteil des europäischen Staatenwerdungsprozesses gewesen. In vielen sozialistischen Staaten gab es bis 1989/90 effektiv organisierte Gewalt gegen Bürger im Inneren, beispielsweise durch Einheiten wie die Staatssicherheit in der DDR oder die Securitate in Rumänien. Auch die Diktaturen Südeuropas hielten sich durch Gewalt im Inneren lange an der Macht, bis sie in den Revolutionen der 1970er Jahre untergingen. Staatliche Gewalt gegen Minoritäten prägte in den 1990er Jahren einerseits den Zerfallsprozess in Jugoslawien, andererseits litten aber auch viele ehemals sowjetische Teilrepubliken unter der Gewalt gegen Minoritäten. Letztlich muss auch staatliche Gewalt innerhalb ehemaliger Kolonien in Afrika und Asien aufgrund langfristiger struktureller Zusammenhänge als Teil der europäischen Geschichte betrachtet werden. Nicht nur die kolonialen Verbindungen auch die stillschweigende Akzeptanz von Diktaturen, wie in der Demokratischen Republik Kongo, die massiv die eigene Bevölkerung gewaltsam unterdrückten, sorgten zumindest für eine europäische Mitverantwortung. In den 1990er Jahren setzte dann aber nach dem Wegfall des Ost-West-Konflikts ein Erosionsprozess ein, der Bürgerkriege und Massenmorde auslöste, wie beispielsweise in Ruanda, wo 1994 ca. 500 000 bis 1 000 000 Angehörige der Tutsi-Minderheit ermordet wurden. Hier entlud sich ein langfristig gewachsener Konflikt, der seine Wurzeln u. a. darin hatte, dass die europäischen Kolonialherren die Tutsi in die Verwaltung der Kolonie eingebunden hatten. Die

Revolutionen des arabischen Frühlings oder das Vordringen des Islamischen Staats (IS) in den arabischen Raum besitzt mehr oder weniger direkte Verbindungen zu den Hinterlassenschaften europäischer Kolonialpolitik und wirft die Frage nach der Verantwortung europäischer Staaten auf.

Wenngleich die binnenstaatliche Gewalt hier nicht systematisch behandelt wird, so gilt es dennoch darauf zu verweisen, dass die Weltgemeinschaft wie auch die Staaten Europas dem Minderheitenschutz und den Menschenrechten seit den 1990er Jahren wieder mehr Raum geben. Die Frage der Rechtmäßigkeit humanitärer Interventionen trotz nationalstaatlicher Souveränität, die schon nach den beiden Weltkriegen kontrovers diskutiert worden war, steht wieder ganz oben auf der politischen Agenda, v. a. in der Frage des Klagerechts der Weltgemeinschaft vor dem Internationalen Strafgerichtshof.

6.5 ›Terrorismus‹ und politischer Extremismus

Der Terrorismus seit den 1970er Jahren lässt sich Eric Hobsbawm folgend in drei Phasen untergliedern, die sehr unterschiedlichen Ausprägungen von ›Terrorismus‹ hervorgebracht haben (Hobsbawm 2009). Dabei müssen die Ursachen des Terrorismus in einer Reihe von Entwicklungen gesucht werden. Erstens vollzogen sich die Veränderung der Gesellschaften in einem rasanten Tempo. Zweitens brachen traditionelle politische Systeme und Autoritäten – in westlichen Demokratien, im ehemaligen Sozialismus sowie in ehemaligen Kolonien – zusammen und transformierten sich fundamental. Drittens erleichterten Entgrenzungen in nahezu allen gesellschaftlichen, politischen und ökonomischen Bereichen die Mobilität von Terroristen erheblich. Letztlich spielte auch eine Rolle, dass globale Disparität sich verschärften und (auch medial vermittelt) immer offener zu Tragen traten.

6.5.1 Neuer Blanquismus (1960/70er Jahre)

In den 1960er und 1970er Jahren versuchten in westeuropäischen Staaten kleinere elitäre Gruppen den territorialen Status Quo durch bewaffnete, gewalttätige Aktionen zu verändern. Sie verfolgten sehr heterogene Ziele, die auch in unterschiedlichen Kombinationen vorkamen. So ging es unter anderen um nationale oder föderale Separation, um den Anschluss an andere Staatsgebiete oder um eine Veränderung der Regierungsform. Der Terrorismus in Westeuropa war in dieser Phase v. a. eine innerstaatliche, nationale Angelegenheit, die tendenziell eher als Kriminalität denn als Krieg eingestuft werden kann. Trotz mitunter anderslautender Behauptungen durch die Terroristen sprachen diese Randgruppen wie die ›Brigate Rosse‹ (Rote Brigaden) in Italien, die Rote-Armee-Fraktion (RAF) in Deutschland, die ›Euskadi ta Askatasuna‹ (ETA) in Spanien oder die ›Irish Republican Army‹ (IRA) in Nordirland nicht für die Mehrheit der Bevölkerung. War der Terrorismus ein europäisches Phänomen, so blieben die einzelnen Gruppierungen doch größtenteils voneinander separiert. Tatsächliche Verbindungen, die über einzelne ideologische Querverweise hinausgingen, entstanden eher selten, wenngleich die Protagonisten in den 1980er Jahren eine transnationale Vernetzung propagierten.

In den ehemals faschistischen Staaten Deutschland und Italien speiste sich der Terrorismus sehr stark aus Generationenkonflikten, die aus der Vergangenheitsbewältigung beider Staaten resultierten und sich entlang der Scheidelinie einer (ehemals) faschistischen Elterngeneration und einer eher linksorientierten Nachfahrengeneration entzündete. Von der Studentenbewegung der 68'er inspiriert, warfen sie sowohl innerhalb des politischen Systems als auch innerhalb familiärer Verbindungen Fragen über die individuelle Verantwortung während des Faschismus und über die Konsequenzen auf. In Italien kam hinzu, dass der politische Extremismus auch die Fortführung des Bürgerkriegs unter anderen Vorzeichen war.

Generell gestalteten sich in Italien die Konflikte aufgrund des Kriegsverlaufs und den Folgen des Bürgerkriegs 1943/44 aber deutlich intensiver als in Deutschland. Hinter der Gewalt in der politischen Öffentlichkeit standen also immer auch die Verhältnisse im privaten Bereich, v. a. der Familie. Die Gewalt gegen den Staat war eben auch ein Ausdruck der Sprachlosigkeit gegenüber der Elterngeneration und im Erinnerungsdiskurs an die faschistische Vergangenheit verankert. Oftmals waren die Terroristen der 1970er Jahre auch nicht die ideologischen Vordenker der 1960er Jahre, sondern kamen aus genau jenen gut situierten (bürgerlichen) Elternhäusern mit nicht-hinterfragter faschistischer Vergangenheit. Traumata des Kriegs und unverarbeitete Schuld wurde hier mitunter Generationen übergreifend (unbewusst) tradiert und ganz unterschiedlich verarbeitet bzw. verdrängt.

Für die Entwicklung des Terrorismus in Italien fällt die starke Polarisierung von linken und rechten Gruppierungen auf, die in Europa zu einer einmaligen Gewaltbereitschaft geführt hat. Im Gegensatz zu den meisten europäischen Staaten besaß Italien seit Ende des Zweiten Weltkriegs eine (neo-) faschistische rechte Minderheit, deren politisches Gewicht nicht unbedeutend war. Auf der anderen Seite war die politische Organisation extremer Linker sehr stark ausgeprägt, sodass sich immer wieder kleinere Gruppen abspalteten und Anschläge verübten bzw. sich zu den Anschlägen bekannten. Obendrauf auf die strukturelle Polarisierung kam der Metakonflikt des Kalten Kriegs, sollte das NATO-Mitglied Italien doch als Brückenkopf der US-Luftwaffe in den Ostblock dienen, was zu einer innenpolitischen Polarisierung führte.

Die wichtigste Organisation des linken Terrors, die Rote Brigade erregte erstmals 1970 Aufmerksamkeit und war seitdem die führende Instanz am linken Rand. Zwar hatte es bereits zuvor in Italien kleinere Anschläge gegeben, doch müssen die Jahre 1969 bis 1982 als eine Hochphase angesehen werden, in der es zu insgesamt 8 800 Anschlägen mit 351 Toten und 768 Verletzten kam. Neben den strukturellen Bedingungen des Terrors kamen in den 1970er Jahre die wirtschaftliche Instabilität im Zuge der weltweiten Rezession der 1970er Jahre sowie politische Reformen in Italien. Kein Jahr verging ohne Anschlag und Mord, wobei erst ab Mitte der 1970er Jahre die Morde an politischen Verantwortungsträgern einsetzten, während zuvor noch der Fokus auf eher kapitalistischen Handlangern in Form mittlerer Industrieller gelegen hatte. Die Höhepunkte der Terrorwelle waren das Attentat auf Premierminister Aldo Moro im Jahr 1978 sowie das Bombenattentat auf den Bahnhof von Bologna im Jahr 1980, bei dem 85 Menschen starben und 200 verletzt wurden.

> Der am 2. August 1980 verübte Anschlag auf den Hauptbahnhof von Bologna führte erst 1995 zu einer gerichtlichen Verurteilung, bei der 2 Mitglieder der faschistischen Terrororganisation ›Nudei Armati Revoluziousi‹ zu lebenslangen Haftstrafen verurteilt wurden. Dennoch blieb die Schuldfrage umstritten, da ein tatsächlicher Beweis nie erbracht werden konnte und die Tat letztlich zur Strategie rechts- wie linksextremer Gruppierungen passte, die in den späten 1970er und frühen 1980er Jahren versuchten Demokratie und Rechtsstaat in Italien zu schwächen.

Info 12: Bologna-Attentat

Die neue Qualität der Gewalt stellte den italienischen Staat vor eine Zerreißprobe und gefährdete die politische Ordnung. Das Land litt fast ein halbes Jahrzehnt nicht nur unter der Gewalt von linken und rechten Gruppierungen. Auch die Mafia breitete sich über Italien aus und schaltete sich in eine Reihe von Morden an Politikern, Polizeichefs, Richtern u. ä. Repräsentanten des Staates ein. Doch statt Unterstützung zu erhalten, wurden die Attentäter von der Bevölkerung und den politischen Parteien mit Ablehnung bestraft. Sogar die organisierte Linke und insbesondere die politischen Parteien wie die Marxisten trugen diese Art des Terrors in seiner verschärften Form nicht mehr mit.

Letztlich wird es nicht den einen Grund dafür gegeben haben, dass die politische Stabilität sich ab den 1980er Jahren langsam einstellte. In der Wahl Berlusconis zum italienischen Ministerpräsident im Jahr 1994 kam dann ein genereller Rechtsruck der italienischen Gesellschaft zum Ausdruck, der insgesamt die Flügel ausglich. Erst das Zusammenspiel aus der nachhaltigen Standhaftigkeit des politischen Systems, der Ablehnung der Gewalt durch die Gesellschaft, der wirtschaftlichen Erholung und Sozialisationseffekten einer Trägergesellschaft des Terrorismus, die in der etablierten Gesellschaft ankam, ließen Terrorismus und Gewalt abebben.

Im Gegensatz zu Italien waren die terroristischen Anschläge durch die RAF in der Bundesrepublik der 1970er Jahren sowohl ideologisch weniger konturiert als auch im Gewaltumfang wesentlich geringer. Wenngleich die Anschläge der RAF ›nur‹ 33 Todesopfer und ca. 200 Verletzte forderten, waren sie für die politische Entwicklung der Bundesrepublik nicht minder bedeutsam. Der Staat sah sich mit einer außerordentlichen Belastungsprobe konfrontiert, in der er sich nicht erpressen ließ, selbst wenn dies den Tot von Zivilisten nach sich zog. Im Laufe der 1970er Jahre verlor die ohnehin wenig konsistente Anklage des (Neo-) Faschismus durch eine erste Generation linker Intellektueller weiter an Bedeutung. Eher willkürlich gewählte Terrorakte dienten primär der Befreiung inhaftierter Mitglieder, so auch im ›heißen Herbst‹ 1977, als die RAF den Dresdner Bank Chef Jürgen Ponto, den Generalbundesanwalt Siegfried Buback sowie den Arbeitgeberpräsidenten Hans-Martin Schleyer erschoss. Dass die RAF überhaupt eine derartige Diskussion ausgelöst hat, die nachhaltig in der kollektiven Erinnerung verankert ist, muss wohl auf die mediale Präsenz zurückgeführt werden, konnte doch der bundesdeutsche Fernsehzuschauer die Aktionen der RAF ausführlich auf dem Bildschirm verfolgen. Die Aktivitäten der RAF verflachten jedenfalls im Laufe der 1980er Jahre, bis sich die Terrorgruppe 1998 selber auflöste.

Von den Motivationen und Intentionen gänzlich verschieden, aber in den Ausdrucksformen vergleichbar, gestalteten sich die separatistischen Gewaltakte, von denen diejenigen in Spanien die prominentesten waren. Mit dem Ziel die baskische Unabhängigkeit durch bewaffneten Widerstand zu erreichen, war die ETA bereits in den 1950er Jahren im Franquistischen Spanien entstanden und hatte erste Anschläge verübt, nachdem die baskische Kultur und Sprache massiv unterdrückt worden waren. Der prominenteste Anschlag war sicherlich derjenige gegen den spanischen Ministerpräsident Carero Blanco im Dezember 1973. Das Franco-Regime reagierte mit entsprechender Härte und beantwortete das Attentat noch 1975, kurz vor dem eigenen Ende, mit der Hinrichtung einzelner ETA-Mitglieder.

Die Vorzeichen für die Aktivitäten der ETA änderten sich nach dem Ende der spanischen Diktatur im Jahr 1975 radikal. Zum einen erhielt die ETA mit der 1978 gegründeten Unabhängigkeitspartei,

Abb. 14: Der Anschlag der ETA auf den Ministerprüsident Carero Blanco (1973).

Harri Batasuna, einen politischen Mitstreiter, der innerhalb der demokratischen Spielregeln agierte. Zum anderen erhielt das Baskenland im demokratischen Spanien ein Autonomiestatut, welches weite Teile der baskischen Bevölkerung zufrieden stellte. Da der ETA aber die Autonomie nicht weit genug ging und sie weiterhin die vollständige Unabhängigkeit einforderte, intensivierte sie in den Jahren 1979/80 die terroristischen Aktivitäten, die 181 Todesopfer forderten und sich noch durch die gesamten 1980er Jahre zogen. Allerdings verlor die ETA zunehmend die gesellschaftliche Unterstützung, da die Mehrheit der Basken mit der Autonomie zufrieden war und keine weitere Gewalt wünschte. Vereinzelte Anschläge zogen sich bis in Jahr 2008, danach entwaffneten sich aber auch die letzten Aktivisten der ETA und verlagerten ihre Aktivitäten in den normalen politischen Prozess. In der Summe haben die Aktivitäten der ETA 829 Menschenleben gekostet.

Wiederum anders gelagert war der Nordirlandkonflikt, der insgesamt als der blutigste aller Konflikte innerhalb Westeuropas eingeschätzt werden kann und der zwischen 1968 und 1998 in etwa 3 600 Todesopfer forderte. Im Kern handelte es sich um einen konfessionellen Konflikt in Nordirland, der sich um die Fragen des territorialen und politischen Status Quo sowie der Zugehörigkeit Nordirlands entweder zur Republik Irland oder zum britischen Königreich drehte. Bereits seit der Unabhängigkeit der Republik Irland, die bis 1948 Freistaat Irland hieß, hatte es Konflikte zwischen den katholischen Iren und den protestantischen Briten über den Status Quo gegeben, der sich dann in den 1960er Jahren in einen immer konfliktreicheren Identitäts- und Machtkampf entwickelte und sich 1969 in einer Gewalteskalation im Derryer Stadtteil Bogside entlud. Dieser löste eine Aufspaltung der IRA aus und führte zu einer Radikalisierung der ›provisional IRA‹, die 1971 einen Strategiewechsel vollzog und sich gewaltsamen Vergeltungsaktionen zuwandte. Alleine 1972 hatte Nordirland 479 Todesopfer zu beklagen. Mitte der 1970er Jahre nahm die Gewalt dann sukzessive ab, weil die Debatte über den Status Quo und den Umgang der beiden Bevölkerungsgruppen miteinander in den politischen Prozess verlagert wurde. Drei Aspekte waren dabei besonders bedeutsam: Erstens erlangte die Partei Sinn Fein die Unterstützung durch breite katholische Bevölkerungsteile, was ihr politisches Gewicht erhöhte. Zweitens sorgte aber auch eine Annäherung zwischen den Regierungen der Republik Irland und Großbritanniens für eine Stabilisierung des Nordirlandkonflikts. Drittens machte sich die generelle Regionalisierung staatlicher Strukturen, u. a. durch die Europäische Union, innerhalb Europas bemerkbar, die in mehr Autonomie und politischem Ausgleich resultierte. Seit 2007 lenken Katholiken und Protestanten gemeinsam die Geschicke des Nordirlands, wenngleich Sie an den grundsätzlichen Zielen bezüglich des Status Quo Nordirlands festhalten.

6.5.2 Ethnisch-konfessioneller Terrorismus und neue Bedrohungslagen (1980/90er Jahre)

In den 1980er Jahren verflachten allmählich die Aktionen der politisch extremen terroristischen Gruppierungen in (West-) Europa. Stattdessen begann eine Phase, in der Konflikte nicht mehr nur politisch motiviert waren, sondern auch mit ethnischen oder religiösen Gegensätzen, die sich oftmals überlappten. Einen wesentlichen Einfluss auf die Veränderung von Terrorismus und Krieg hatte – wie bereits erwähnt – der Zusammenbruch des Ostblocks, da mit ihm die militärische Konfrontation zweier Blöcke endete, die in vielen Staaten und Regionen der Welt stabilisierend gewirkt und Konflikte unterdrückt hatte. Politische Allianzen wie die NATO oder der Warschauer Pakt lösten sich entweder komplett auf oder waren gezwungen, ihre Ziele neu zu definieren. Allerdings war dies ein Prozess, der sich über die gesamten 1990er Jahre hinweg vollzog und dann eine Reaktion auf die tatsächlichen Kriege und militärischen Krisen eben jener Zeit darstellte.

Es begann aber auch eine Phase der Transformation, in der die Grenze zwischen asymmetrischen Kriegen und Terrorismus extrem unscharf war. Im Gegensatz zum vorherigen Terrorismus besaßen die neuen Formen eine breite Unterstützung seitens der Bevölkerung, weshalb ein großes Potential an Kämpfern mobilisiert werden konnte, u. a. wurden hier die Wurzeln für den internationalen Terrorismus des 21. Jahrhunderts gelegt. Zur neuen und schwer kalkulierbaren Waffe wurden Selbstmordattentäter. Auch richtet sich die Gewalt nun direkt gegen die zivile Bevölkerung. Geografisch verlagerten sich die Hauptschauplätze von West- nach Südosteuropa sowie in die westlichen Zonen islamisch geprägter Bereiche, die als europäische Randzonen bzw. Peripherie betrachtet werden können, u. a. wegen ehemaliger kolonialer Verbindungen. In den Fokus rückten Organisationen wie die UCK (Kosovo), die Hisbollah (Libanon), Fatah (Palästina) oder Hamas (Palästina/ Gazastreifen), die mitunter Konflikte um Israel fortsetzten, die bis zum Jom-Kippur-Krieg von 1973 noch als zwischenstaatliche Kriege ausgetragen worden waren.

Der sowjetische Afghanistan-Krieg kann als langfristiger Katalysator der Entwicklung des Terrorismus gesehen werden, der noch vor dem Ende des Systemkonflikts zu wirken begann. Seinen Ursprung nahm dieser Krieg 1979 als die Sowjetunion in Afghanistan einmarschierte, um die kommunistische Regierung zu stützen. Die Folge war eine zehnjährige Besatzung mit vielfältigen terroristischen Anschlägen. Zahlreiche Widerstandgruppen, v. a. islamisch motivierte Gruppen, die gegen ein säkulares kommunistisches Regime zu Felde zogen, konnten sich etablieren. Sie erhielten mitunter erhebliche finanzielle und materielle Unterstützung aus den USA. Osama bin Laden war einer der zentralen Persönlichkeiten dieser Zeit. Er sammelte

Erfahrungen mit ›Terrorismus‹ im sowjetischen Afghanistan-Krieg der 1980er Jahre, als er noch massiv von der CIA unterstützt wurde. Der sowjetische Afghanistan-Krieg war damit auch die Brutstätte von Al-Qaida.

Es gehört deshalb zur Ironie der Entwicklung, dass sich nach dem Abzug der Sowjetunion diese Terrorgruppen gegen ihren einstigen Mentor wandten. In ihrer Stellung und Funktion als einzig verbliebene Weltmacht in den 1990er Jahren suchten die USA nicht nur ihre eigene Position innerhalb der neuen Mechanismen und Regelungen zur globalen Konfliktregulierung und Terrorbekämpfung, sondern sie trieben deren Entwicklung insgesamt auch stark voran. Insbesondere bedeutete dies, dass militärische Interventionen – auch wenn sie humanitär motiviert waren – zumeist von den USA unilateral vorangetrieben wurden, während die europäischen Staaten als Zaungäste allenfalls unterstützend wirkten. Insofern waren es auch die USA, die die ›Nebenwirkungen‹ dieser Neudefinition in den 1990er Jahren abbekamen. So verübte Al-Qaida erste Anschläge gegen die Botschaften der USA in Daressalam und Nairobi (1998), nachdem die USA eine Arzneifabrik in Khartum (Sudan) bombardiert und zerstört hatten, weil sie dort die Herstellung chemischer Waffen vermuteten. Da die USA ohne UN-Mandat operierten, forderte sogar der Sudan selber die UN auf, eine Untersuchung vor Ort durchzuführen, welche die USA dann mit ihrem Veto im Sicherheitsrat blockierten. Ein symbolisch zentraler Aspekt der gewaltsamen Aufladung terroristischen Konfliktpotentials war die ›Fatwa‹ Osama Bin Ladens, die 1998 offiziell die Tötung unschuldiger amerikanischer Zivilisten für rechtmäßig erklärte. Die Frontstellung gegen die USA und zunehmend auch die gesamte westliche Welt war der Nährboden für Terrorgruppen, die sich damit legitimierten, die muslimischen Gesellschaften gegen die politischen, wirtschaftlichen und gesellschaftlichen Einflüsse der Globalisierung und der westlichen Welt zu verteidigen. Religion und aggressive Interpretationen religiöser Schriften wurden zur ideologischen Grundlage.

Fatwa ist im islamischen Raum eine Rechtsauslegung, um Probleme und Konflikte zu lösen. Sie wird von einer anerkannten Autorität ausgesprochen und von den Gläubigen akzeptiert, die auch die Autorität akzeptieren.

Info 13: Fatwa

Die 1990er Jahre stehen insgesamt für eine enorme Aufladung des terroristischen Konfliktpotentials, insbesondere was den religiös motivierten Terrorismus betraf. Dabei standen die europäischen Staaten als Zuschauer neben Entwicklungen, die sie wenige Jahre später massiv selber betreffen sollten.

6.5.3 Globalisierung des Terrorismus (seit den 2000er Jahren)

Symbolischer Wendepunkt in der Entwicklung des Terrorismus waren die Anschläge auf die ›Twin Towers‹ des World Trade Center am 11. September 2001. Wenngleich die systematischen Veränderungen der weltpolitischen Konstellationen, die zu den Anschlägen führten, in den 1990er Jahren zu verorten sind, so entstand nun doch eine neue Bedrohungslage, der sich die Staaten Europas gegenüber positionieren mussten. Sollten sie sich an den militärischen Aktionen der USA gegen die vermeintlich verantwortlichen Staaten und Gruppen beteiligen? Inwiefern waren Einsätze europäischer Streitkräfte im Terrorkampf überhaupt national wie international legitimierbar?

Dass der Terrorismus sich seit den 2000er Jahren intensivierte und globalisierte, ist auf zwei Triebfedern zurückzuführen. Auf der einen Seite reagierten die USA und ihre europäischen Verbündeten mit gewaltigen militärischen Gegenschlägen, u. a. im Afghanistan-Krieg. Sie setzten sogar geltende Regeln für internationale Konflikte, d. h. das Kriegsrecht des 20. Jahrhunderts, partiell außer Kraft. So behielten sich die USA das Recht vor, Angriffskriege zu führen, obgleich diese laut Völkerrecht verboten waren. Ebenso wurden mehr oder weniger rechtsfreie Räume wie Guantanamo geschaffen, innerhalb derer Gefangene außerhalb der Richtlinien des internationalen Kriegsrechts inhaftiert wurden. Bemerkenswerterweise betonten die USA sogar im

›Krieg gegen den Terrorismus‹ keinen Unterschied zwischen Terroristen und den sie unterstützenden Staaten zu machen. Normen und Kategorien des Kriegsrechts wurden somit massiv hinterfragt, womit sich auch die Trennlinie zwischen Terrorismus und Krieg immer fluider gestaltete. Nichtsdestotrotz blieben die USA bemüht, ihre Handlungen vor der Weltgemeinschaft durch Verweise auf die Gefahrenpotentiale dieser Staaten, v. a. durch die Produktion von Massenvernichtungswaffen, zu legitimieren. Es galt aber auch, der eigenen Bevölkerung in den USA und Europa ein Gefühl von Sicherheit zu vermitteln, nachdem der Anschlag von New York eine Verwundbarkeit gezeigt hatte, die zuvor für nicht möglich gehalten worden war.

Im Februar 2003 legitimierte der damalige US-Außenminister, Colin Powell, den Einmarsch im Irak mit Satellitenbilder von angeblich mobiler Biowaffenlabors des irakischen Machthabers, Saddam Hussein. Als sich herausstellte, dass die Informationen der Bilder nicht gesichert waren, entschuldigte sich Powell später für seinen Auftritt.

Info 14: Powell vor dem UN Sicherheitsrat

Auf der anderen Seite operierten Terrororganisationen nun transnational. Sie machten sich die technischen wie ökonomischen Entwicklungen der ›westlichen Welt‹ – Stichworte Mobilität, Kommunikation, freie Märkte – als Grundlage globaler Netzstrukturen und Aktionsradien zu nutze. Ironischerweise setzen sie den eigenen Terrorismus damit auf die Basis genau solcher Errungenschaften westlicher Gesellschaften, die sie für ihre eigenen Gesellschaften ablehnten und bekämpften. So entstanden kleine netzwerkartige Gruppierungen, die sich unauffällig in die europäischen Zivilgesellschaften einnisteten.

Fortan galt es, durch symbolische Einzelaktionen die Verwundbarkeit des übermächtigen Gegners zu demonstrieren, v. a. die mediale Vermittlung von Anschlägen spielte eine zentrale Rolle für Terroraktionen. Zum Angriffsziel wurde die psychische Verfassung der Bevölkerung in den westlichen Gesellschaften. Es ging dabei rein um Hysterie und Schrecken, ohne dass klar konturierte gesellschaftliche Gegenentwürfe zu Demokratie und Marktwirtschaft angeboten wurden. Die breite Unterstützung durch die eigene (islamische) Bevölkerung wurde weniger zum Kriterium, so dass v. a. elitäre Gruppen zu den Trägerschichten des global operierenden Terrorismus wurden, deren einzelne Mitglieder nicht selten eine hohe akademische Ausbildung in westlichen Staaten erworben hatten.

Was aus dieser Konstellation hervorging, war eine Spirale der Gewalt. Im Oktober 2001 begann der Afghanistan-Krieg der USA und seiner europäischen Verbündeten. 2003 folgte der zweite Irakkrieg, der im Unterschied zum ersten Krieg von 1990 von Beginn an einen Regimewechsel intendierte. Kurzfristig waren diese Einsätze von Erfolg gekrönt, wenngleich die ›Kollateralschäden‹ in der Zivilbevölkerung dieser Staaten groß waren. Doch besonders langfristig haben die militärischen Interventionen gegen den Terrorismus gezeigt, dass die besiegten Regionen und Staaten sich nicht durch die simple Übertragung von Demokratie und kapitalistischer Wirtschaftsordnung stabilisieren ließen. Vielmehr verloren die ohnehin schwachen staatlichen Institutionen in zunehmendem Maße das Gewaltmonopol, v. a. außerhalb der größeren Städte. Europäische und amerikanische Militärpräsenz konnte zwar die Gewalt vorübergehend eindämmen, einen nachhaltigen Regimewechsel konnten aber auch sie nicht herbeiführen. So versuchten noch im Jahr 2009 immerhin 100 000 Soldaten in Afghanistan ein Land zu ›stabilisieren‹, in dem die Taliban bereits weite Landstriche zurückerobert hatten. Der Historiker Michael Stürmer spricht gar von der »Tragik eines ungewinnbaren Kampfs, in dem Abschreckung nicht geht und totale Abwehr unmöglich ist.« (Stürmer 2006) Technische Überlegenheit jedenfalls war kein Siegesgarant mehr, weil es im Kampf gegen den Terrorismus keinen Sieger wie im traditionellen Staatenkrieg mehr gab.

Die europäischen Gesellschaften wurden auch als Gegenreaktion auf die Beteiligung an den verschiedenen Militäreinsätzen in direkter und indirekter Form vom internationalen Terrorismus betroffen. Trotz prominenter Anschläge in europäischen Hauptstädten wie 2004 (Madrid), 2005 (London), 2015 (Paris) oder 2016 (Berlin) blieben die Auswirkungen, v. a. die von den Terroristen intendierten psychischen Reaktionen, doch eher begrenzt. Eine Destabilisierung westlich europäischer Gesellschaften war jedenfalls nicht zu erkennen. Die europäischen Bürger zeigten vielfach eher Trotzreaktionen und bekannten sich dezidiert zu den Werten der eigenen Gesellschaft. Die tatsächlichen Gefahren für die europäischen Gesellschaften haben sich bisher insgesamt als eher gering erwiesen, was sich auch darin zeigt, dass die betroffenen Städte zumeist binnen kurzer Zeiträume wieder dem Alltag nachgingen.

Indirekt hingegen lassen sich die Auswirkungen des global agierenden Terrorismus auf die europäischen Staaten nicht leugnen. So zählt die Gewaltprävention zu einem zentralen Thema europäischer und nationalstaatlicher Innenpolitik. Diskussionen über Sicherheit, die Implementation von Sicherungssystemen, Rechte des Staats auf Datensammlung, Privatsphäre etc. resultierten in neuen Gesetzeslagen und einer geänderten Wahrnehmung von Bedrohungslagen, v. a. vor dem Hintergrund der technischen Entwicklungen in den Bereichen Mobilität und Vernetzung. Debatten über Rasterfahndungen oder Lauschangriffe, die schon in den 1970er Jahren als Reaktion auf den politischen Extremismus dieser Zeit geführt worden waren, wurden nun auf ein neues Niveau gehoben. Die transnationale Struktur der terroristischen Netzwerke veranlasste eine verstärkte grenzüberschreitende Zusammenarbeit in den Bereichen Militär, Polizei und Grenzschutz, v. a. innerhalb der Europäischen Union. Hinzu kamen Diskussion über die normativen und kulturellen Grundlagen europäischer Gesellschaften. Gehört der Islam zu Europa? Sind die kulturellen Wurzeln Europas christlich? Gibt es verbindliche Leitkulturen?

Unabhängig davon, wie die Antwort auf diese Fragen ausfällt, bleibt festzuhalten, dass terroristische Gewalt die Staaten Europas dazu brachte, präventiv wie aktionistisch im Inneren wie Äußeren gegen den Terrorismus vorzugehen. Und so betonte im Dezember 2002 der damalige deutsche Verteidigungsminister, Peter Struck, in einer seitdem vielzitierten Rede vor dem deutschen Bundestag, dass die »Sicherheit Deutschlands auch am Hindukusch verteidigt« wird.

6.6 Fazit

Gewalt transformiert sich seit den 1970er Jahren in ihren Motiven, Ausprägungen und Folgen radikal. Operierte der Terrorismus (als politischer Extremismus) in den 1970er Jahren im nationalen Rahmen als nationale Angelegenheit (Separation oder Generationenkonflikt) am Rande zur Kriminalität, so stellte er seit den 2000er Jahren ein grenzüberschreitendes, globales Phänomen dar. Terrorismus siedelte sich nun an der Grenze zum Krieg an und so wurde er auch nicht mehr mit Polizei und Sicherheitskräften, sondern v.a. mit dem Militär bekämpft. In den 1990er Jahren erreichte die Gewalt in den Jugoslawienkriegen eine ungeahnte Qualität, v.a. was die Systematik betrifft, mit der ethnische und religiöse Minderheiten bekämpft wurden.

Hatte bis Ende der 1980er Jahre der Kalte Krieg noch für Stabilität gesorgt und Gewalt (in begrenztem Umfang) im innerstaatlichen Raum gehalten, so schaute die internationale Gemeinschaft nach dem Zusammenbruch des Sozialismus den neuen Formen der Gewalt zunächst ebenso hilflos wie abwartend zu, bevor sie dann doch reagierte. Die Debatten um Massenmorde in Jugoslawien und Ruanda warf aber innerhalb der Vereinten Nationen die Frage der ›humanitären Intervention‹ durch die Weltgemeinschaft auf, die u.a. mit der Errichtung des Internationalen Strafgerichtshofs beantwortet wurde. Immerhin forderten Massenmorde wie der von Srebrenica an einem Tag mehr Todesopfer als die gesamte binnenstaatliche Gewalt westeuropäischer Terrorgruppen in den 1970er Jahren. Die institutionelle und rechtliche Weiterentwicklung der Weltgemeinschaft nach 1990 wurde massiv durch die Entwicklung von Gewalt forciert. Wie schon nach dem Ersten und dem Zweiten Weltkrieg erfolgte eine Veränderung der Mechanismen der Konfliktregulierung in Reaktion auf exzessive Gewalt. Dabei lagen der Gewalt mitunter tiefe historische Wurzeln sowohl in der Nationalstaatsbildung und dem Faschismus (innereuropäische Wurzeln) als im Kolonialismus und der Globalisierung (außereuropäische Wurzeln) zugrunde.

Im 21. Jahrhundert werden nun vielfältige Diskussionen über den Umgang und die Regulierung der neuen Formen von Gewalt auf allen

Ebenen politischer Organisation diskutiert. Die UN baute die internationale Strafgerichtsbarkeit aus und definierte das Recht der Völkergemeinschaft auf humanitäre Interventionen. Die Europäische Union bemüht sich – mehr schlecht als recht – internationale Kriminalität zu bekämpfen und eine gemeinsame Sicherheitspolitik zu formulieren. Und auch die Staaten Europas suchen nach Formen und Regulierungen für den angemessenen Umgang mit neuen Formen der Gewalt.

7 Gesellschaft

7.1 Vorbemerkungen

Aus dem weiten Feld der Gesellschaft, das hier nicht erschöpfend behandelt werden kann, sollen drei Schwerpunktbereiche im Vordergrund stehen. Erstens werden Formen des Zusammenlebens betrachtet, wobei gesellschaftliche Grundwerte, gesellschaftliche Teilhabe und demographische Faktoren des Zusammenlebens näher beleuchtet werden. Zweitens wird Migration als ein wesentlicher Faktor der Veränderung menschlichen Zusammenlebens in den Blick genommen. Drittens wird Freizeit und Freizeitgestaltung untersucht, weil diese Ausdrucksformen gesellschaftlichen Zusammenlebens sind, in denen Kollektive wie Individuen eine Art identitäre Selbstpositionierung vornehmen können.

Gesellschaftliche Veränderungen, in den hier angesprochenen Bereichen, lassen sich dem überragenden Meta-Trend der Europäisierung zuordnen. Es haben sich seit den 1970er Jahren – so die Argumentation – Formen menschlichen (Zusammen-) Lebens in Europa in ihren elementaren Bausteinen verändert und tendenziell aneinander angenähert, ohne dabei regionale, nationale oder generationelle Variationen in ihrer Gänze aufzugeben. Es erfolgte seit den 1970er Jahren eine Art Europäisierung mit Schattierungen hinsichtlich von Aspekten wie Werte, Normen, Familienmodelle, Religion, Sport oder der Nutzung elektronischer Massenmedien. Innerhalb europäischer Grundüberzeugungen entstanden dabei grenzüberschreitend geteilte, harmonisierte (auch transnationale) Lebenswelten. Motoren dieser Entwicklung waren Migration und Mobilität, Medien und Medialisierung sowie die Politiken der Europäischen Union.

7.2 Formen des Zusammenlebens

7.2.1 Wandel gesellschaftlicher Grundwerte

Unter dem Begriff des Wertewandels wird die Veränderung gesellschaftlicher Basis- und Orientierungswerte erfasst, die in den 1970er Jahren an Tempo gewann, in den 1980er und 1990er Jahren vorübergehend abebbte und sich ab der zweiten Hälfte der 1990er Jahre vor dem Hintergrund neuer generationeller Konfliktlagen wieder intensivierte. Überhaupt muss der Wandel gesellschaftlicher Werte als ein Prozess angesehen werden, der sich sozialisationsbedingt nur langsam und über Generationen hinweg vollzieht. Wertewandel setzt immer nur partiell ein, so dass permanent verschiedene Wertewelten nebeneinander existieren, die sich nach Generationen, nach Bildungsgrad oder Regionen unterscheiden. Drei Aspekte des Wertewandels lassen sich besonders für die erste Phase bis in die 1980er Jahre hinein hervorheben: der Wandel von materiellen zu postmateriellen Werten, die Individualisierung und die Säkularisierung. Diese drei Aspekte sind weder exklusiv noch alleinstehend, sie eignen sich aber recht gut, um Meta-Trends nachzuzeichnen. Die Ursachen des Wandels sind sicherlich mannigfach, besonders hervorzuheben sind aber der in Europa bis dato einmalige Wohlstand und höhere Einkommen, ein steigendes Bildungsniveau und Intellektuelle wie Massenmedien, denen eine Rolle als Multiplikatoren der Verbreitung neuer Werte und Normen zufällt.

Für den Übergang von den 1960er zu den 1970er Jahren konstatierte Robert Inglehart einen Wertewandel weg von materialistisch-bürgerlichen Akzeptanz- und Pflichtwerten wie Treue, Gehorsam und Disziplin hin zu postmaterialistischen Freiheits- und Selbstentfaltungswerten wie Verantwortung, Risikobereitschaft und Toleranz. Eng damit verknüpft war ein Individualisierungsprozess, der sich als Entdeckung einer Neuen Subjektivität bezeichnen lässt, welche die individuelle Selbstentfaltung postulierte. Diese hing auch sehr eng mit der Auflösung traditioneller sozialer Milieus zusammen und korrelierte so mit der stärkeren Fokussierung auf Lebensstile, mittels derer Soziologen auch die Erosion ehemals dominanter Milieus wie Familien, Kirchen oder Gewerkschaften erklären. Lebensstile sind vereinfacht ausgedrückt das Ergebnis von individuellen Wahlentscheidungen zwischen verschiedenen Optionen der Lebensführung und des Konsums. Seit den 1970er Jahren drückte sich der Wertewandel somit auch im individualisierten Massenkonsum aus. Der Konsum differenzierte sich aus und eröffnete so die Möglichkeit, individuelle Lebensstile noch stärker in den Vordergrund der gesellschaftlichen Selbstpositionierung zu rücken. Die konforme Konsumgesellschaft der Boomphase ging dabei allmählich auf in der individualisierten Konsumentengesellschaft. Noch in den 1960er Jahren waren die Produkte der Konsumgesellschaft hochgradig standardisiert und in Masse produziert werden. So war der VW-Käfer, der in den 1950er und 1960er Jahren ganz wesentlich zur Massenmotorisierung beigetragen hatte, ohne viele Varianten ausgekommen. Nun aber ließen Konsum und Mode die ›feinen Unterschiede‹, wie es der französische Soziologe Pierre Bourdieu formulierte, hervortreten, so dass sich beispielsweise auch die Automodelle mitsamt ihrer individuellen Ausstattung vervielfachten. Lebensstilangebote und Individualitätsversprechen resultierten aus einer zuvor ungekannten Produktvielfalt. In diesem Zusammenhang begann auch der europaweite Siegeszug des schwedischen Möbelhauses IKEA, der die Sehnsucht nach kostengünstiger Individualität und Wohnästhetik mit einer klaren Abgrenzung gegenüber den Einrichtungsstilen älterer Generationen bot. Die Individualisierung stellte auch den Nährboden dar, auf dem die neoliberale Wirtschafts- und Gesellschaftspolitik ab den späten 1970er Jahren allmählich gedeihen konnte und individuelle Leistungsbereitschaft einforderte. Bemerkenswerterweise stieg damit auch die Akzeptanz für die Alleinentscheidungsrechte der Unternehmen zu Lasten sozialpolitischer Errungenschaften wie der betrieblichen Mitbestimmung wieder an, was v. a. sozialdemokratische Parteien zwang, in ihrer politischen Programmatik auf diesen Trend zu reagieren.

1958 wurde das erste Möbelkaufhaus der Marke IKEA im schwedischen Älmhult durch den Gründer Ingvar Kamprad eröffnet. Sukzessive eroberte IKEA europäische und globale Märkte, so dass IKEA im Jahr 2012 die größte Möbelhauskette der Welt mit Filialen in 27 Ländern war. Schlichte Bücherregale wie IVAR oder BILLY erlangten Berühmtheit in vielen europäischen Wohnungen. Hinter dem Akronym IKEA verstecken sich die Initialen Ingvar Kamprads sowie die Anfangsbuchstaben des elterlichen Hofs Elmtaryd aus dem kleinen 200 Seelen Dorf Agunnarryd.

Info 15: IKEA

Die Säkularisierung hatte als dritter Aspekt des gesellschaftlichen Wertewandels sicherlich schon im 19. Jahrhundert eingesetzt und sich u. a. in der Trennung von Kirche und Staat ausgedrückt. In den 1970er Jahren kam aber dann die Schwächung der individuellen Bindung an die Kirche, sowie die geringere Teilhabe an Gottesdiensten und anderen kirchlichen Riten hinzu. Steigender Wohlstand und Bildung ließen die Kirche als moralische Instanz und Autorität an Bedeutung verlieren. Die Institution Kirche passte nur noch bedingt zu den neuen Werten, wodurch Glaube und Religiosität aber nicht verschwanden, sondern zur Privatangelegenheit mutierten. In Osteuropa – mit der Ausnahme Polens – hatte die Bedeutung der Kirche systembedingt ohnehin seit dem Zweiten Weltkrieg abgenommen und konnte auch nach dem Ende des Sozialismus nur temporär wieder ansteigen. Letztlich resultierte der Wechsel der politischen und gesellschaftlichen Systeme nach den Revolutionen der späten 1980er und frühen 1990er Jahre aber nicht in einer nachhaltigen Stärkung der Kirche.

Seit den 1990er Jahren nahm der Wertewandel einen Richtungswechsel vor, was wohl auch daran lag, dass neue gesellschaftliche Trägergenerationen heranwuchsen, die eigene Wertvorstellungen entwickelten und sich mit diesen von ihrer Elterngeneration abgrenzten. Eine präzise Beschreibung ist sicherlich noch nicht möglich, allerdings ging dieser Wandel ausdrücklich nicht mit scharfen (auch gewaltsamen) Auseinandersetzungen einher, wie es noch in den 1960er und frühen 1970er Jahren überall in Europa der Fall gewesen war, als die 68er Generation sich gegen System und Establishment auflehnte.

7.2.2 Gesellschaftliche Teilhabe

Eng verzahnt mit dem Wertewandel war die Frage der Teilhabe an gesellschaftlichen wie politischen Prozessen und Entscheidungen. Den Anfang machten dabei die (studentischen) Protestbewegungen, die in den Staaten (West-) Europas in den späten 1960er und frühen 1970er Jahren aufkeimten. Sie waren der erste Ausdruck einer Generation, die gesellschaftliche Mitsprache auf eine andere Weise einforderte als über Wahlen, Parlamente und Parteien. Die Funktion des Protestes sollte darin bestehen, die Normen, Regulationen und Stereotypen der etablierten Ordnung in Denken und Handeln aufzubrechen. Frühe Formen des Protests entstanden v. a. im Kontext künstlerischer Happenings, die aber nur wenig schockierend wirkten. Obwohl die Proteste im Kern eine antiautoritäre Grundbefindlichkeit besaßen – die Stoßrichtung war ›Unsauberkeit‹ in Kleidung, Nacktheit und Sprache – reagierten die demokratischen Institutionen innerhalb Europas recht tolerant. Waren die Proteste von ihrer eigentlichen Masse her eher marginal und auf städtische Ballungszentren wie Berlin konzentriert, so machten Massenmedien die Protestformen eigentlich erst zu dem provokanten Massenereignis, als dass sie dann wirkten. Mittels der immer verbreiteteren Fernsehapparate millionenfach in die europäischen Haushalte transportiert, konnte sich die Gesellschaft durch visuelle Eindrücke selber ein ›Bild‹ von den neuen Ausdrucksformen des Protests machen.

Zum Katalysator der Protestbewegungen in ganz Westeuropa wurde der Vietnam-Krieg. Mit ihm verblasste der Mythos USA, der zuvor das idealistische Leitbild der westlichen Gesellschaften gewesen war. Care-Pakete, Marshall-Hilfe und auch die Präsidentschaft Kennedys hatten als Symbole für die positiven Werte der USA gestanden. Der Vietnam-Krieg wurde dann zunehmend zum moralischen Desaster der USA und gerade in Europa zur Triebfeder des studentischen Antiimperialismus. Den Höhepunkt bildete der internationale Vietnam-Kongress im Februar 1968 in West-Berlin, der von sozialistischen Organisationen aus Deutschland, Frankreich, Großbritannien, Italien, Irland u. a. veranstaltet wurde. Nach 1968 flaute die Protestwelle dann aber wieder ab. Blieben die Proteste gegen den Vietnam-Krieg, v. a. in Europa, auch ohne direkte Auswirkung auf die praktische Politik, so standen sie doch für die Vorstellung (und Forderung) einer größeren Teilhabe an gesellschaftlicher Gestaltung. Genau in diesem Zeitgeist proklamiert 1969 der neu gewählte Bundeskanzler, Willy Brandt, die Absicht der Bundesrepublik »mehr Demokratie zu wagen« und eine Gesellschaft anzustreben, die »mehr Freiheit bietet und mehr Mitverantwortung fordert.«

Aus dem Nährboden gewandelter Werte und massenmedial inszenierten Protests dann in den frühen 1970er Jahren die Neuen Sozialen Bewegungen hervor, die wesentlich konkretere und realistischere Ziele verfolgten als noch der Vietnam-Protest. Es ging weniger um generelle Systemkritik als um praktische und sehr konkrete Probleme wie die Friedensfrage, die Umwelt, die Gleichberechtigung von Mann und Frau, die Atomkraft oder Großprojekte wie Autobahnen. Politische Bewegungen dieser Art waren in den Verfassungen der europäischen Staaten zumeist nicht vorgesehen und formierten sich jenseits des etablierten Parteiensystems. Das Ziel der Neuen Sozialen Bewegungen bestand nicht darin, den Staat abzuschaffen, sondern neben den großen Persönlichkeiten aus Politik und Wirtschaft auch dem einfachen Bürger eine Stimme zu geben, um so die Partizipation an politischen Entscheidungen zu verändern. Politische Partizipation war somit nicht mehr die Auseinandersetzung zwischen sozialen Klassen, als vielmehr das individualistische, kritische Engagement in kleineren Gruppen, die sich dann durchaus wieder in einer Bewegung formieren konnten. Triebfedern waren die jüngeren Segmente der Gesellschaft sowie die höheren sozialen Schichten.

Bei den Neuen Sozialen Bewegungen handelte es sich um neuartige Formen der politischen Partizipation, die in verschiedenen soziokulturellen Milieus verankert waren und ganz unterschiedliche Ausprägungen besitzen sollten. Neue Soziale Bewegungen waren eher netzwerkartige Zusammenschlüsse von Gruppen und Individuen anstatt fester Organisationen. Gleichwohl verfolgten sie politische Ziele über singuläre Ereignisse hinaus. Sie präferierten vielfältige Formen der direkten Demokratie wie die Demonstration, die Bürgerinitiative oder Unterschriftensammlungen, worin sich klar die individuellen Selbstentfaltungswerte zeigten. Da sich die neuen Formen der Teilhabe aber immer nur in Abgrenzung zum Staat herausbilden konnten, war ein gewisses Maß an Konflikt nicht gänzlich zu vermeiden. Die Neuen Sozialen Bewegungen waren in vielerlei Hinsicht aber nicht grundsätzlich anti-institutionell. Sie beteiligten sich an Planungsverfahren von Projekten und kooperierten mit den Verwaltungen. Sie veranstalteten offene Diskussionsforen, die politische Verantwortungsträger gezielt einbanden. Der Bundespräsident Gustav Heinemann bezeichnete sie dann auch als »Erscheinung einer lebendigen Demokratie«.

In den 1980er Jahren hatten sich die Neuen Sozialen Bewegungen breit in der Bevölkerung etabliert und prägten viele gesellschaftliche Bereiche. Ihre Kultur der politischen Teilhabe und ihre Themen kamen damit auch im politischen System an. Einerseits entwickelten sich die einzelnen Bewegungen zunehmend zu politischen Parteien und etablierten sich, v. a. als Umweltparteien, in den Parlamenten. Viele von ihnen schlossen sich ab den 1990er Jahren sogar transnational zusammen, um so Lobbyarbeit bei der Europäischen Union in Brüssel betreiben zu können. Andererseits nahmen sich auch die etablierten Parteien, v. a. die größeren Volksparteien, den Themen der Neuen Sozialen Bewegungen an. Kaum eine Partei konnte ab Mitte der 1980er Jahre mehr ein erfolgreiches Programm formulieren, ohne konkrete Politikangebote in Bereichen wie Frauenpolitik, Umweltpolitik oder Atompolitik zu formulieren.

Grüne Parteien, denen es im Kern um Themen der Umwelt-, Friedens- und Anti-Atombewegung ging, zogen in vielen Staaten Europas in die Parlamente ein. In Deutschland sieht die Chronologie der Systemanpassung wie folgt aus: 1980: Gründung der Partei die Grünen im Januar vereint die Umweltbewegung und andere Bewegungen in einer Partei, die bei Parlamentswahlen antrat; 1983: Einzug der Partei in den Bundestag; 1985: Ernennung von Joschka Fischer zum Umweltminister von Hessen; 1998: Regierungsbeteiligung der Grünen mit Joschka Fischer als Außenminister.

Info 16: Grüne Parteien

Seit den 1990er Jahren hat sich die gesellschaftliche Teilhabe an politischen Entscheidungen und Prozessen innerhalb Europas in mehrfacher Hinsicht geändert. Erstens haben die Staaten Osteuropas in den 1990er Jahren die Entwicklung der Bürgerbewegungen im Schnellverfahren durchlaufen. Diese bildeten sich im Zuge der Systemveränderung auch als eine Art Transformationsphänomen und konnten mitunter breite Bevölkerungsschichten hinter sich versammeln. Da sich gleichzeitig aber ein radikaler Wandel der politischen Systeme hin zur parlamentarischen Demokratie vollzog, gingen sie schnell in Parteien auf bzw. wurde deren Programmatik von den Parteien absorbiert. Zweitens veränderte sich die gesellschaftliche Teilhabe in Westeuropa in unterschiedliche Richtungen. So wurden etwa die Neuen Sozialen Bewegungen entweder zu einem Teil des Parteienspektrums und sorgten mitunter für entscheidende Pluralisierungen der Parteienlandschaft, die etablierte Muster der Regierungsbildung und Koalitionen nachhaltig veränderten. Oder sie verloren an Rückhalt, weil ihre Themen nun im parlamentarischen Prozess verhandelt wurden und die folgende Generation sich andere Formen der politischen Artikulation suchten. Drittens muss im Zuge der Digitalisierung generell danach gefragt werden, inwieweit europaweit sich die gesellschaftliche Teilhabe, v. a. der nachwachsenden Generationen, in online-gestützte Plattformen, soziale Netzwerke u. ä. verlagert. Wenngleich hierüber noch kein Urteil gefällt werden kann, so lässt sich doch erkennen, dass sich Muster der gesellschaftlichen Teilhabe verändern.

7.2.3 Sozialstrukturelle Faktoren des Zusammenlebens

Der Wertewandel und die Veränderung der gesellschaftlichen Teilhabe besaßen vielfältige Interdependenzen mit den sozialstrukturellen Entwicklungen in Europa. So war die Frauenbewegung mit ihrer Kernforderung der Gleichberechtigung von Mann und Frau bereits in den 1970er Jahren ein Kernbaustein der Neuen Sozialen Bewegungen gewesen. Ihr Verdienst war es, dass die 1970er Jahre als wichtiger Wendepunkt auf dem Weg zur Gleichberechtigung betrachtet werden können. Es bildeten sich Frauenvereine und Interessengruppen. Spezifische Frauenliteratur eroberte Bücherläden und Zeitungskioske. In der Bundesrepublik wurde 1977 erstmals die Zeitschrift ›Emma‹ herausgegeben, die sich binnen kürzester Zeit als zentraler Ort des feministischen Diskurses mit Breitenwirkung entpuppte und eine Auflage von 200 000 Exemplaren erzielte. Emma griff kontroverse frauenpolitische Themen, wie Verstümmelungen der Klitoris, sexuellen Missbrauch oder Kinderbetreuung, auf und brachte diese in den gesellschaftlichen Diskurs ein. Einen symbolischen ersten Höhepunkt stellte das Jahr 1975 dar, das von den Vereinten Nationen zum Internationalen Jahr der Frau erklärt wurde.

Abb. 15: Erstes Cover der Zeitschrift Emma (1977).

Nachdem die Institutionalisierung der Frauenbewegung in den meisten Staaten Westeuropas gegen Mitte der 1970er Jahre vorangeschritten war, ging es fortan um konkrete politische Maßnahmen, mittels derer Ungleichheiten abgebaut und weibliche Erwerbstätigkeit aufgebaut werden sollte. Dabei stellte die westeuropäische Entwicklung gleichzeitig einen Nachholprozess gegenüber den sozialistischen Regimen in Osteuropa dar, in denen die Rolle der Frau in der Gesellschaft bereits zwei Jahrzehnte zuvor konsequent thematisiert und konkrete politische Maßnahmen zur Förderung der Berufstätigkeit oder der Kinderversorgung ergriffen worden waren. Innerhalb Europas nahmen nach dem Ende des Sozialismus die nordeuropäischen Staaten wie Schweden, Finnland oder Norwegen eine Vorreiterrolle in der rechtlichen Gleichstellung der Frau oder bei der Frauenerwerbsquote ein. Sie setzten Fragen der Gleichberechtigung auch in internationalen Organisationen wie dem Europarat oder der Europäischen Union konsequent auf die Tagesordnung. Bemerkenswerterweise kehrten die Staaten Osteuropas nach 1990 tendenziell wieder zu alten Rollenmustern zurück, was auch daran lag, dass Einrichtungen wie Kindertagesstätten oder Ganztagsschulen aufgrund der wirtschaftlich schwierigen Lage nicht mehr finanzierbar waren und so ein Elternteil wieder mehr Zeit in die Erziehung investieren musste.

Die deutlichsten und schnellsten Fortschritte auf dem Weg zur Gleichberechtigung der Geschlechter wurden durch die nationalen Gesetzgeber erzielt. Hierzu gehören Aspekte wie die Veränderung des Familienrechts zu Gunsten der Frau, u. a. die Abschaffung der Verpflichtung zur Hausarbeit oder die Gleichberechtigung im Namensrecht, oder das Selbststimmungsrecht über den eigenen Körper, das sich etwa in der Bundesrepublik in der Modifikation des Paragraphen 218 ausdrückte. Seit Februar 1976 war danach der Schwangerschaftsabbruch zwar weiterhin verboten. Es gab aber keine Strafverfolgung mehr, wodurch der Schwangerschaftsabbruch de facto ermöglicht wurde. Generell gilt, dass in Europa in Ländern mit hohem katholischem Bevölkerungsanteil die Abtreibung eher restriktiv geregelt wurde.

Einer Reihe von Erfolgen stehen aber auch fortdauernde Diskriminierungen gegenüber. So änderten sich zentrale Geschlechterunterschiede seit den 1970er Jahren nur sehr langsam. Auch vier Jahrzehnte nach der Hochphase der Frauenbewegung sind Frauen im Europa der 2010er Jahre in den meisten Staaten Europas hinsichtlich Einkommen und Führungspositionen benachteiligt. So lag im Jahr 2014 innerhalb der Europäischen Union der durchschnittliche Frauenverdienst noch ca. 19 % unter dem eines Mannes, wobei die Spannbreite zwischen Staaten wie Italien mit 5,4 % und Deutschland mit 17,2 % vergleichsweise breit ausfiel. Kennzeichnend ist aber ein flächendeckender Rückgang der Ungleichheit, der sich in sehr unterschiedlichem Tempo vollzog. Zentrale Aspekte wie der Ausbau von Betreuungsangeboten für Kinder wurden in den Staaten Europas sehr unterschiedlich in Angriff genommen, wobei es ein klares Nord-Süd-Gefälle gibt. Unter den großen Staaten Europas hat sich Frankreich als vorbildlich erwiesen, während etwa die Bundesrepublik das Thema – auch aufgrund einer eher konservativen Regierungspolitik unter Bundeskanzler Kohl (1982–1998) – lange vernachlässigte und allenfalls die Betreuung für drei- bis sechsjährige Kinder (und dann vorwiegend halbtags) förderte. Parallel dazu stieg die Erwerbsquote von Frauen, wie etwa in der Bundesrepublik von 46 % (1970) über 56,7 % (1990) auf 71 % (2011).

Die veränderte Stellung der Frau in der Gesellschaft und auch der generelle Wandel gesellschaftlicher Werte wirkte sich direkt auf demographische Entwicklungen und Lebensformen wie die Familie aus. So drehte sich die demographische Entwicklung in den 1970er Jahren in vielerlei Hinsicht um. Kennzeichnend für das westliche Europa war ein abnehmendes Bevölkerungswachstum, das oftmals überhaupt nur noch durch Einwanderung aufrechterhalten werden konnte. Die Einwohnerzahl der Bundesrepublik stieg zwischen 1970 und 1990 zwar noch leicht von 61 auf 62,7 Millionen Menschen an, allerdings erklärt sich das Wachstum ausschließlich über Einwanderungsüberschüsse. Im gleichen Zeitraum sanken nämlich die Geborenenziffern von 13,4 je tausend Einwohner im Jahr 1970 auf 9,6 Mitte der 1980er Jahre. Hinzu kam eine steigende Lebenserwartung, die zur Herausbildung einer älteren Gesellschaftsschicht über 60 Jahre mit hohem Gesundheitsniveau führte, die aufgrund der Steigerung der Renten früher aus dem Erwerbsleben ausschieden und die deshalb eine gesellschaftlich immer wichtigere Gruppe darstellten. Schon in den 1980er Jahren setzen deshalb intensive Debatten über die Sicherung der Rentensysteme ein, die seitdem vor sich wandelnden ökonomischen Grundüberzeugungen und demographischen Entwicklungsdaten immer wieder neu geführt werden. Zwar kann die zweite Hälfte der 1980er Jahre in einigen Staaten Westeuropas als eine temporäre ›konservative Wende‹ verstanden werden, in der sich Entwicklungstendenzen abschwächten, v. a. der Geburtenrückgang und der Anstieg der Scheidungsquoten. Eine Trendwende der in den 1970er Jahren eingeläuteten demographischen Entwicklungen bewirkten sie derweil nicht.

Europaweit ging die Zahl der Single-Haushalte seit den 1970er Jahren kontinuierlich in die Höhe. Parallel dazu stieg die Zahl der unverheirateten und die Scheidungsrate von 15 % (1970) auf 30 % (1985) an, um danach auf hohem Niveau zu stagnieren. Wenngleich es freilich zwischen den Staaten Europas, v. a. mit Blick auf Osteuropa, deutliche Abweichungen gab. Insgesamt wandelte sich in ganz Europa das Ideal der Kernfamilie aus vollerwerbstätigem Vater, (Hausfrau-) Mutter und Kindern seit den 1970er Jahren immer stärker. Insbesondere verlor die Mutterrolle als überragende Funktion der Frau in Familie und Gesellschaft in fast allen Gesellschaften Europas, Deutschland und Dänemark sind hier weiterhin Ausnahmen, ihre Leitfunktion. Obwohl das Ideal in der angepassten Variante des vollzeitarbeitenden Vaters und der teilzeitarbeitenden Mutter weiterhin die dominante Lebensform darstellte, sind die europäischen Gesellschaften doch offener geworden für alternative Formen des Zusammenlebens. Dies trifft besonders auf gleichgeschlechtliche Ehen zu, wobei es markante Unterschiede zwischen den Staaten je nach vorwiegender Konfession und politischer Ausrichtung gab. In der Bundesrepublik – wohlgemerkt eine eher konservative Gesellschaft – erfolgte in den 1980er Jahre ein Anstieg der nichtehelichen Lebensgemeinschaften auf ca. 1,2 Millionen gegen Ende der 1980er Jahre, die oft auch wie eine Erprobungsphase vor der eigentlichen Ehe genutzt wurde.

Für die demographischen Veränderungen, v. a. den Rückgang der Geburtenzahlen, spielte die Pluralisierung und Individualisierung der Wertebasis sicherlich eine Rolle. Der Anreiz (früh) Kinder zu bekommen sank, weil Kinder zu Einkommenseinbußen und damit Konsumverzicht führten und besonders für Alleinerziehende oftmals mit relativer Armut einhergingen. Hinzu kamen die Auswirkungen der Anti-

Baby-Pille, die nicht nur für eine effektivere Planbarkeit von Schwangerschaften und Kinderwunsch sorgte, sondern sich in den 1970er Jahren in den meisten Staaten Europas für eine konstant niedrige Geburtenrate verantwortlich zeigte. Der schon seit der ersten Hälfte des 20. Jahrhunderts vorherrschende Trend zu immer weniger Kindern wurde durch die Pille radikal beschleunigt. Letztlich trugen auch die längeren Ausbildungszeiten von Frauen zu den demographischen Entwicklungen bei. Dass die Geburtenzahlen seit den 1970er Jahren nicht noch weiter zurückgingen und auch die Quote der verheirateten Paare seit den 1980er Jahre in ganz Europa nicht noch weiter sank, liegt insbesondere an den Migrationsbewegungen aus Südeuropa, Osteuropa oder den nicht-europäischen Staaten in die Staaten Westeuropas.

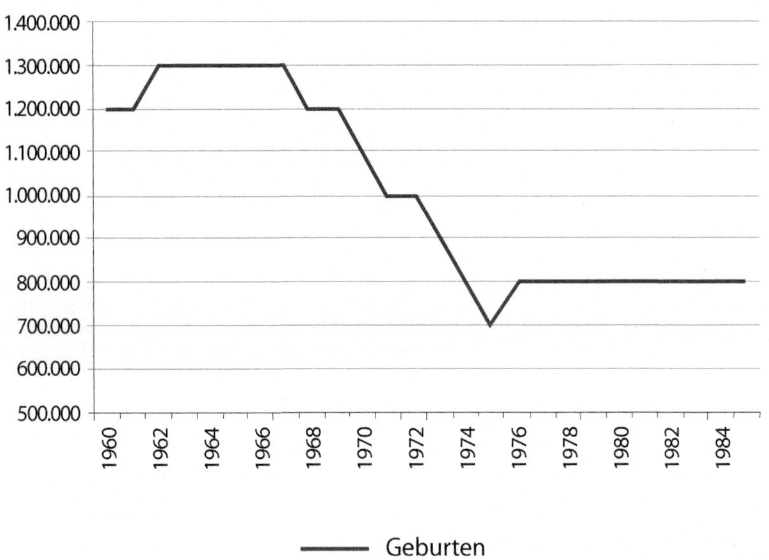

Abb. 16: Absenkung der Geburtenzahlen durch den Pillenknick.

7.3 Migration und Integration

Migration ist in wissenschaftlicher Hinsicht ein schwieriges Phänomen, da es definitorisch nicht immer leicht zu greifen und zu erfassen ist. Einerseits gibt es ganz unterschiedliche Formen von Migration wie temporäre oder permanente Migration, Arbeits- oder Zwangsmigration und grenzüberschreitende Migration oder Binnenmigration. Andererseits unterschieden sich aber auch die Ausländererfassungen und Ausländerstatistiken innerhalb Europas erheblich, selbst wenn seit den 1970er Jahren ein starker Angleichungsprozess erkennbar ist. Insbesondere unterschiedliche Einbürgerungsrechte machten sich bemerkbar, die mitunter langfristige Traditionen aufwiesen und bis in die Kolonialzeit oder noch früher zurückreichten. So ließen sich nach französischem Staatsbürgerrecht, dessen Wurzeln im frühen 19. Jahrhundert liegen, Ausländer einfacher einbürgern als nach deutschem Recht, da letzteres aus der Hochphase des Nationalismus zu Beginn des 20. Jahrhunderts stammte und deshalb eher restriktiv konzipiert war. Wenngleich das EU-Recht hier harmonisierend wirkt, sind Unterschiede trotz verschiedener Novellen nationaler Staatsbürgerrechte weiterhin vorhanden.

Migration gehörte schon in früheren Epochen zu den grundlegenden Elementen der Europäischen Geschichte. In den 1970er Jahren muss hingegen eine Zäsur angesetzt werden, weil sich die Migration in Europa in mehrfacher Hinsicht strukturell und nachhaltig änderte. Erstens war die grundlegendste Veränderung sicherlich die der Migrationsrichtung im globalen Kontext. War Europa im 19. und frühen 20. Jahrhundert überwiegend ein Auswanderungskontinent, so wurde es nun immer mehr zu einem Einwanderungskontinent. Aus den ehemaligen Kolonien in Afrika und den Staaten am Rande des Kontinents wie der Türkei kamen nun viele muslimische Einwanderer nach Europa, so dass die Zahl der Muslime in Westeuropa von 11 auf 16 Millionen anstieg. Damit einher ging auch eine Angleichung in den Lebensformen und der Sozialstruktur, da viele Einwanderer, die in den 1960er Jahren eigentlich nur temporär begrenzt kommen sollten, nun im Rahmen des Familiennachzugs ehemaliger Gastarbeiter kamen. Seit den verschiedenen Anwerbestopps in den frühen 1970er Jahren blieben die Einwanderungszahlen in Westeuropa zwar hoch, aber sie betrafen primär den Familiennachzug und gestalteten sich als permanente Migration. So stieg alleine in der Bundesrepublik zwischen 1970 und 1980 die Zahl der ausländischen Bevölkerung von 3 Millionen auf 4,5 Millionen. Es entstanden in vielen städtischen Zentren Westeuropas nun auch so etwas wie Einwanderersiedlungen, in denen die Kultur und Religion der Herkunftsländer gepflegt wurde. Der Schweizer Schriftsteller, Max Frisch, hatte bereits 1965 vor einer solchen Entwicklung gewarnt, als er mit Blick auf Gastarbeiter den berühmten Satz prägte: »man rief Arbeitskräfte und es kamen Menschen.« Diese Entwicklung ist eng verbunden mit der Abnahme der temporär gedachten Arbeitsmigration (Gastarbeiter) in die Industriezentren Westeuropas, die teils europäische Binnenmigration und teils Migration aus den angrenzenden Räumen Afrikas und Asiens darstellte. Zweitens ging auch die Phase der Zwangsmigration und ihrer Folgen nach dem Zweiten Weltkrieg zu Ende, was sich deutlich in der Auflösung des Vertriebenenministeriums in der Bundesrepublik zeigte. Drittens fielen staatliche Migrationshemmnisse durch die offenen Grenzen im EU-Binnenmarkt weg.

Seit den 1970er Jahren präsentierte sich Europa immer weniger als ein Mosaik ethnisch homogener Nationalstaaten, wie es sich – zumindest in viele Idealvorstellungen – im frühen 20. Jahrhundert herauskristallisiert hatte. Europäische Staaten mit kolonialer Vergangenheit wie Frankreich, den Niederlanden oder auch Großbritannien besaßen schon früh im 20. Jahrhundert Ansätze einer multiethnischen Gesellschaft. Staaten ohne Kolonialvergangenheit fingen in den 1970er Jahren an, multiethnische Gesellschaftsstrukturen zu entwickeln, was sich v. a. in Staaten wie der Bundesrepublik oder Schweden zeigte, in die viele Migranten aus Südosteuropa (Türkei und Balkanregion) kamen.

Migration hat innerhalb Europas dazu geführt, dass ethnische und religiöse Durchmischung in vielen Teilen Europas zur Normalität wurden. Die religiöse und kulturelle Vielfalt, die in Europa in den 1970er und 1980er Jahren Einzug hielt, konzentrierte sich aber gleichzeitig auch lokal. So ging mit der steigenden Zahl an ausländischen Einwohnern in den 1970 Jahren eine gesellschaftliche Segregation einher, in der ganze Stadtteile einen ausländischen Hintergrund erhielten. Sogar die gesellschaftlichen Kontakte zwischen Migranten und einheimischer Bevölkerung nahmen zunächst tendenziell ab. Besonders dramatisch machten sich die Unterschiede aber demographisch bemerkbar, da Migrantenfamilien viele gesellschaftliche Entwicklungen wie den Geburtenrückgang und die Säkularisierung konterkarierten. Insbesondere Religiosität hatte einen anderen Stellenwert und so wurden viele Staaten Westeuropas in den 1970er und 1980er Jahren religiös heterogener. Insbesondere in westeuropäischen Staaten ohne ausgeprägte koloniale Vergangenheit differenzierte sich die multiethnische Bevölkerungsstruktur in den 1990er Jahren deutlich aus.

Die religiöse und ethnische Heterogenität stieß in den frühen 1980er Jahren dann eine Debatte über kulturelle Identität in den Staaten und Gesellschaften Westeuropas an. Fragen, die aufgeworfen wurden, waren: Gehört der Islam zu Europa? Gibt es eine europäische oder nationale Leitkultur? Dürfen Kopftücher in europäischen Schulen getragen werden oder auch christliche Symbole an der Wand hängen? In einem Klima der steigenden Arbeitslosigkeit nahmen dabei die Ressentiments gegenüber Ausländern deutlich zu. Insbesondere in den durch den wirtschaftlichen Strukturwandel betroffenen Regionen wie der Wallonie, Mittelengland oder dem Ruhrgebiet herrschte weitverbreitete Angst vor der Wegnahme von Arbeitsplätzen durch Ausländer, was v. a. auf die schwer in neue berufliche Tätigkeitsfelder der Dienstleistungsgesellschaft zu vermittelnden Industriearbeiter zutraf. Gleichzeitig war der Arbeitslosenanteil in der ausländischen Bevölkerung doppelt so hoch wie in der jeweils einheimischen, wodurch zusätzlich eine Debatte über die Belastung der Sozialsysteme losgetreten wurde. So sprachen zwar die Zahlen eine deutliche Sprache, die Debatte wurde jedoch oftmals emotional aufgeladen geführt. Aus diesem Klima gingen politische Parteien wie der Front Nationale in Frankreich hervor, die alleine mit dem Thema der Ausländer (-politik) in die nationalen Parlamente einzogen und seit den 1980er Jahren nicht mehr aus dem politischen Spektrum wegzudenken sind. Sie machten Zuwanderung und Ausländerressentiments als Wahlkampfthema salonfähig. Mit den ausländerfeindlichen Parteien spitzte sich die Debatte über Integration in die Aufnahmegesellschaft zu, wobei es im Kern immer um die gleiche Frage ging, ob die Migranten sich an das Einwanderungsland anzupassen hatten oder ob das Einwanderungsland mehr kulturelle Vielfalt akzeptieren müsse?

Wesentlich unproblematischer verlief die ›gastronomische Integration‹ der Migranten. Die 1970er Jahren sahen in vielen Staaten Europas die flächendeckende Ausbreitung von italienischen, jugoslawischen, griechischen, türkischen oder spanischen Restaurants, in denen Migranten ›nationale‹ Gerichte aus ihren Heimatländern anboten und diese dann allmählich an die lokalen oder regionalen Geschmacksbedürfnisse anpassten. Pizza, Döner, Gyros, Köttbullar oder Schnitzel sind kulinarische Genüsse, die nicht zuletzt wegen Migration längst zum europäischen Alltagsessen gehören. Wenn die Pizza im Jahr 2017 zum Weltkulturerbe der United Nations Educational, Scientific and Cultural Organization (UNESCO) erklärt wurde, so hängt dies eben auch mit ihrer grenzüberschreitenden Verbreitung zusammen, die ganz verschiedene europäische Varianten der Pizza hervorgebracht hat.

Mitte der 1980er Jahre bröckelte mit dem Eisernen Vorhang die größte Barriere europäischer Binnenmigration und löste in zwei Etappen eine große Migrationswelle aus Osteuropa aus, die in besonderem Maße Deutschland traf. In der Folge der Entspannungspolitik im Rahmen der Konferenz für Sicherheit und Zusammenarbeit in Europa (KSZE) und insbesondere nach dem Ende der sozialistischen Systeme kehrte damit die seit dem 19. Jahrhundert prägende Ost-West-Migration zurück, die im Gegensatz zu den vorherigen Migrationswellen nach dem Zweiten Weltkrieg auch höher gebildete Bevölkerungsschichten umfasste. Zwei Gruppen stachen dabei heraus: Erstens Asylbewerber und Flüchtlinge aus dem ehemaligen Jugoslawien und weiteren Krisenherden Osteuropas, die v. a. in den frühen 1990er Jahren nach Westeuropa kamen. Zweitens Spätaussiedler aus den ehemaligen deutschen Ostgebieten, die nach deutschem Staatsbürgerrecht die deutsche Staatsangehörigkeit besaßen und somit schnell eingebürgert werden konnten. So kamen alleine im Zeitraum 1990 bis 2005 ca. 3 Millionen Migranten in die Bundesrepublik, wobei die Jahre 1990 bis 1995 den Höhepunkt bildeten, in denen jährlich bis zu 400 000 Menschen in die Bundesrepublik einwanderten. Mit den explodierenden

Zahlen nahmen auch die Ressentiments, v. a. in den neuen Bundesländern, deutlich zu. Waren die Spätaussiedler in ihrer begrenzten Zahl während der Systemkonkurrenz der 1980er Jahren noch explizit willkommen, so lösten spätere Migranten mit rapide steigender Anzahl ausländerfeindliche Tendenzen in der Gesellschaft aus.

Neben der Ost-West-Migration, die nahezu ausschließlich eine permanente Verlagerung des Lebensmittelpunkts der Migranten zur Folge hatte, kamen in den 1980er Jahren vielgestaltige Migrationsphänomene innerhalb der Europäischen Union hinzu. Sie war mit ihren politischen Maßnahmen ein wesentlicher Impulsgeber für die Förderung europäischer Binnenmigration und einheitlicher Regelungen an den Außengrenzen. Der Abbau von Migrationsbarrieren durch die vier Freiheiten innerhalb des europäischen Binnenmarkts oder durch das Schengen-Abkommen sollten sich als entscheidende Motoren der Binnenmigration erweisen. Mit den immer neuen Mitgliedsstaaten weitete sich der Binnenmigrationsraum der Europäischen Union über nahezu den gesamten Kontinent aus. Neben die Arbeitsmigration trat die finanziell massiv geförderte Bildungsmigration, v. a. durch das Erasmus-Programm. Seit Mitte der 1980er Jahre ermöglichte ein immer ausdifferenzierteres Stipendienprogramm den Studierenden ein Auslandstudium oder ein Gastsemester innerhalb der Europäischen Union. Solche Programme in Kombination mit der umfassenden Förderung transnationaler Forschungsprojekte ließen in Europa seit den 1990er Jahren Forscher- und Wirtschaftsmilieus mit einer hohen transnationalen Mobilität entstehen, innerhalb derer sich transnationale Familien- und Lebensgemeinschaften mit ganz eigenen Migrationsmustern wiederfanden.

Hinsichtlich der Einwanderung von außen hat die Europäische Union mit Vereinbarungen wie dem 1997 in Kraft getretenen Dubliner Abkommen angefangen, eine kollektive europäische Verantwortung für Migration und Asyl zu installieren. Die sukzessiven Revisionen des Dubliner Abkommens integrierten dieses in das EU-Verordnungsrecht und erweiterten es inhaltlich. So wurde beispielsweise die Registrierungs- und Versorgungsverpflichtung der Erstaufnahmeländer präziser gefasst. Waren die entsprechenden Regelungen noch vor dem Hintergrund der Ost-West-Migration konzipiert worden, so erwiesen sie sich in der Flüchtlingskrise von 2015 vor einem völlig anderen migrationspolitischen Hintergrund als für die südeuropäischen Staaten nicht mehr tragfähig. Griechische und italienische Inseln, die auf dem Mittelmeer dem europäischen Kontinent vorgelagert sind, wurden nicht zuletzt aufgrund des EU-Rechts zum Brennpunkt europäischer Flüchtlingspolitik. Sie waren schlichtweg nicht in der Lage, die enormen Flüchtlingsmengen für die gesamte EU abzufertigen und forderten immer dringlicher flexible europäische Lösungen.

Generell hatte die Migration in den 1990er Jahren dann auch die europäische Peripherie erfasst, die sich relativ unvorbereitet mit massiven Migrationsströmen konfrontiert sah, die sie für Gesamteuropa koordinieren sollten. Insbesondere die Staaten Südeuropas wurden nun zu Einwanderungsländern und zum Einfallstor der sich permanent intensivierenden Flüchtlingsströme nicht nur über das Mittelmeer aus Afrika, sondern auch aus dem Nahen Osten. Spätestens in 2010er Jahren flüchteten hunderttausende Menschen. Alleine 2015 suchten 1,35 Millionen Menschen Asyl in der Europäischen Union, weil Kriege, Wirtschaftskrisen und politische Verfolgung die Menschen aus ihrer Heimat vertrieben.

7.4 Freizeit

Dass sich europäische Werte gewandelt und dabei europaweit angenähert haben, zeigt sich besonders markant im Bereich der Freizeit und der Freizeitgestaltung. Die Einstellung zur Freizeitnutzung veränderte sich von einer dominierenden Erholungsfunktion hin zu einem ›etwas Erleben‹. In diesem Zuge kam es auch zur starken Ausdifferenzierung der Freizeitaktivitäten, wobei wiederum die Lebensstile eine nicht unbedeutende Rolle einnahmen. Die elektronischen Massenmedien und der Sport können dabei als zentrale Bausteine der Freizeit und der Freizeitgestaltung in Europa betrachtet werden.

7.4.1 Elektronische Massenmedien

Schon in den 1930er und 1960er Jahren hatten sich mit dem Radio und dem Fernsehen elektronische Medien zu einem Massenphänomen entwickelt. Ab den 1970er Jahren existierten sie dann in einem konsolidierten Nebeneinander von Leitmedium Fernsehen und Begleitmedium Radio, nachdem der Versorgungsgrad der Haushalte mit Fernsehapparaten in den frühen 1970er Jahren in vielen Staaten Europas bei mehr als 70 % lag. Überall in Europa versammelte der Fernseher fortan einen Großteil der Bevölkerung vor dem Bildschirm und beeinflusste so die Diskussionsthemen im öffentlichen wie im privaten Raum maßgeblich. Die frühen 1970er Jahre sahen einen Funktionswandel des Radios zu einem primär unterhaltenden Massenmedium, welches nebenbei gehört wurde. In den 1980er Jahren fand mit der Privatisierung von Hörfunk und Fernsehen dann ein grundlegender struktureller Wandel von einem öffentlich-rechtlichen Monopolsystem zu einem pluralen System privater Anbieter statt, der nicht nur symptomatisch für die neoliberalen Marktreformen stand, sondern auch die Nutzung des Fernsehens zur Unterhaltung in der Freizeit nachhaltig veränderte, weil das Angebot an Fernsehprogrammen massiv anstieg. In den 1970er Jahren wurden elektronische Massenmedien immer mehr zum kritischen Beobachter von Politik und Gesellschaft und auch zur Triebfeder des gesellschaftlichen Wandels. Radio und Fernsehen erzeugten vielfach gesellschaftliche Solidarität mit den Trägergruppen von Wandlungsprozessen wie etwa den Neuen Sozialen Bewegungen.

Deutlichster Ausdruck des Funktionswandels des Radios war die Entstehung der sogenannten Servicewellen, die sich klar am Informations- und Unterhaltungsbedarf des Zuhörers orientierten, nachdem sich das Radio zuvor bis weit in die 1960er Jahre hinein als ein Medium verstand, dass die Bevölkerung mit Kulturangeboten versorgen sollte. In den 1970er Jahren setzte sich dann in ganz Europa – Radio Luxemburg war hier ein Vorreiter – das Modell der Servicewellen durch, die leichte Unterhaltungsmusik spielten und das Programm mit Informationen und Unterhaltung auflockerten. Zentral für diesen Wandel waren der Verkehrsfunk und die Möglichkeit das Radioprogramm im Auto mittels Autoradio hören zu können. Das sich in den 1970er Jahren herauskristallisierende Programmformat hielt sich im Radio bis heute als erfolgreichstes Programm in ganz Europa.

In den 1980er Jahren stieg die tägliche Mediennutzung als Freizeitaktivität radikal an, beispielsweise in der Bundesrepublik von 286 Minuten auf 327 Minuten. Massenmedien wurde damit als Gestalter von Freizeit immer wichtiger. Die 1980er Jahre können generell aufgrund der grundlegenden technischen wie rechtlich-institutionellen Veränderungen als ganz große Zäsur auf dem Weg in die Mediengesellschaft angesehen werden. Bei den technischen Entwicklungen sind das Kabelfernsehen und das Satellitenfernsehen prägend, bei den rechtlich-institutionellen Entwicklungen der Fall des Rundfunk-Monopols und das in vielen Staaten Europas entstehende duale System aus privaten und öffentlich-rechtlichen Rundfunkanbietern.

Hinzu kamen neue Übertragungswege von Radio und Fernsehen. Zu Beginn der 1980er Jahre wurden die ersten Kabelfernsehnetze errichtet, die dafür sorgten, dass Mitte der 1980er Jahre in der Bundesrepublik beispielsweise bereits 4,7 Millionen Haushalte an das Kabelnetz angeschlossen waren. Seit 1986 konnte das Fernsehen auch über Satellitenanlagen empfangen werden und es wurde der Hörfunk-Bereich 100–108 MHz erschlossen, wodurch eine Reihe neuer – auch privater – Radiosender entstand.

Die neuen Sender brachten neue Programmkonzepte, die sich massiv auf den Medienkonsum auswirkten und den gesellschaftlichen Wertewandel befeuerten. In Deutschland waren dies Sender wie RTL oder SAT 1, die sich anders als der öffentlich-rechtliche Rundfunk über Werbeeinnahmen finanzieren mussten, so dass die Orientierung am Publikumsgeschmack und den Bedürfnissen der Wirtschaft zunahm. Günstige Produktionen, v. a. aus den USA, hatten schon in den 1960er und 1970er Jahren dafür gesorgt, dass das Fernsehprogramm insgesamt umfassender und der Unterhaltungsanteil größer wurde. In Deutschland etwa sendeten ARD und ZDF (ohne dritte Programme) bereits 1970 mehr als 20 Stunden am Tag. Die Privatisierung des Fernsehens beschleunigte die Nachfrage nach günstigen Programmen zusätzlich, so dass hochgradig spezialisierte internationale Märkte für Fernsehproduktionen entstanden, über die sich sowohl neue Werte ausbreiteten als auch neue Themen aufkamen, die zu gesellschaftlichen Debatten anregten. Medienunternehmen wie Endemol produzierten in den 1990er Jahren nicht nur Programme wie ›Big Brother‹ für unterschiedliche nationale Fernsehmärkte in Europa, sondern sie stießen europaweit auch die gleichen gesellschaftlichen Debatten an, etwa im Fall ›Big Brother‹ über die Grenzen von Privatheit und Öffentlichkeit.

Begleitet wurde der Strukturwandel von einer gesellschaftlichen Debatte darüber, welche Funktion der öffentlich-rechtliche Rundfunk übernehmen solle. Im Fokus stand nicht selten die Frage der Übertragung von Sportveranstaltungen. Standen diese im öffentlichen Interesse und gehörten in das öffentlich-rechtliche Fernsehen? Oder war der Sport letztlich eine Ware und ein Programm wie andere auch? Welchen Wert haben große Sportveranstaltungen? Der Markt beantwortete diese Fragen, indem sich die öffentlich-rechtlichen Fernsehanstalten den finanziellen Angeboten der privaten Fernsehanstalten beugen mussten. Beliefen sich etwa die Übertragungsrechte der Bundesliga in der Saison 1970/71 auf 3 Millionen DM, so stiegen sie über 165 Millionen DM (1994/95) auf 1,15 Milliarden Euro (2,2 Milliarden DM) in der Spielzeit 2017/18 an. Die immer höheren Summen der Sportrechte sorgen auch für eine Konzentration auf wenige Sportarten im Fernsehen seit den 1980er Jahren. Die Kommerzialisierung des Sports und die strukturellen Veränderungen der elektronischen Massenmedien (Radio und Fernsehen) müssen in Europa als zwei Seiten derselben Medaille angesehen werden.

Seit den 2000er Jahren erodierte die Informations- und Unterhaltungsdominanz des Fernsehens in ganz Europa, v. a. in den jüngeren Generationen. Das Internet brachte vielfältige alternative Angebote auf Plattformen wie YouTube oder Facebook hervor. Gleichzeitig drängten Fernsehanstalten mit flexiblen und immer vielfältigeren Programmangeboten ins Internet und erhöhten die Verfügbarkeit von massenmedialen Unterhaltungsformaten.

7.4.2 Sport

Neben den elektronischen Massenmedien war der Sport einer der Eckpfeiler der Gestaltung von Freizeit in Europa. Dabei ist egal, ob Sport als Amateur in der Freizeit oder als professioneller Sportler ausgeübt oder ob er lediglich als Zuschauer konsumiert wurde. Sport nahm im Alltag vieler Europäer einen breiten Raum ein. Für die Entwicklung des Sports als Teil europäischer Gesellschaftsentwicklung seit den 1970er Jahren hilft es zunächst einmal zwischen Breiten- und Spitzensport (bzw. zwischen Amateur- und Profisport) zu unterscheiden. Hinzu kommen Aspekte wie die Sportpolitik oder auch die Professionalisierung des Sports. Natürlich variierten die Entwicklungen mit einzelnen Sportarten sowie nationalen bzw. regionalen Vorlieben im Bereich einzelner Sportarten.

Im Breitensport spiegelten sich seit den 1970er Jahren eine Reihe von generellen gesellschaftlichen Entwicklungstrends wider. Zum einen machte sich eine stärkere Ausdifferenzierung der Freizeitaktivitäten bemerkbar. Neben die traditionellen Sportangebote in Sportvereinen, v. a. in den Volkssportarten wie Fußball, Leichtathletik oder Handball, traten neue Angebote wie die vom Deutschen Sportbund organisierte ›Trimm Dich Bewegung‹, die die Bevölkerung zu sportlicher Aktivität motivierten, nachdem die westeuropäischen Gesellschaften die gesundheitsfördernde Wirkung des Sports (Krankheitsprävention) erkannt hatten. In den frühen 1990er Jahren wirkte sich der Individualisierungstrend dann auf die traditionellen Sportvereine aus, deren Mitgliederzahlen zu sinken begannen. Zum anderen etablierten sich bereits in den 1970er Jahren neben den eher die Erholungsfunktion ansprechenden Sportarten neuere Trendsportarten wie das Free Climbing o. a., die dem individuellen Sportler eine Art des ›etwas Erleben‹ vermittelten. Überhaupt setzte sich der gesellschaftliche Individualisierungstrend ab den 1990er Jahren im Breitensport immer stärker durch. So gingen in den Sportvereinen die Mitgliederzahlen kontinuierlich zurück. Stattdessen weiteten sich die Angebote in Fitness-Studios aus, die wesentlich individueller konzipiert sind und zumeist weniger den Mannschaftscharakter aufweisen. Sie ließen sich auch besser mit flexiblen Arbeitszeitmodellen kombinieren und waren immer weniger an feste Trainingszeiten wie im Sportverein gebunden.

Sport wurde auch ein Thema, dem sich die (inter-) nationale Politik seit den 1960er Jahren annahm. Der Europarat griff es als erster auf und initiierte die Europäische Charta über Sport für alle als eine Art Plädoyer für die gesundheitsfördernde Funktion sportlicher Betätigung, womit er auch eine Art ideeller Träger der Breitensportwelle der 1970er Jahre wurde. Einer Europäisierung der Sportpolitik und der Sportförderung waren aber zu Zeiten des Kalten Krieges klare Grenzen gesetzt, weil der Sport – zumindest in seinen (semi-) professionellen Varianten – als Indikator nationaler und gesellschaftlicher Leistungsfähigkeit hochstilisiert wurde. Eine Leistungssteigerung im Spitzensport durch finanzielle, trainingsmethodische oder medikamentöse Hilfe diente dazu, die eigene Nation im ›Wettstreit der Nationen‹ bestmöglich zu positionieren. Um im Medaillenspiegel der Olympischen Spiele weit oben zu stehen oder um Titel bei Welt- und Europameisterschaften zu erringen, griffen die Regierungen und nationalen Sportverbände tief in die Tasche.

Zwischen 1968 und 1988 startete die DDR mit einer eigenen Nationalmannschaft bei den Olympischen Spielen. Da das Sportsystem der DDR auf internationale Anerkennung und die Demonstration der eigenen Überlegenheit durch sportliche Erfolge ausgerichtet war, etablierte die DDR ein besonders ausdifferenziertes Dopingsystem, dass auf die Gesundheit der Sportler keine Rücksicht nahm, aber Erfolge zeigte. Die DDR erreichte im Medaillenspiegel der Olympiaden durchweg Spitzenplätze. Noch 1988, als die DDR wirtschaftlich praktisch bankrott war, belegte sie im Medaillenspiegel der Sommer-Olympiade von Seoul Platz 2 der Nationenwertung – hinter der UdSSR aber noch vor den USA. Die DDR sammelte 37 Gold-, 35 Silber- und 30 Bronzemedaillen, während die Bundesrepublik gerade einmal auf bescheidene 11, 14 und 15 kam.

Info 17: Die DDR im Medaillenspiegel der Olympischen Spiele

Seit dem Ende des Kalten Krieges haben sportliche Wettkämpfe zwar nicht ihre Bedeutung als Arenen nationalen Wettstreits eingebüßt. Nationalmannschaften sind v. a. bei Weltmeisterschaften und Olympiaden weiterhin ein emotional tragendes Element. Allerdings sind die Staaten Europas und der Welt zunehmend bereit, diesen Wettstreit auf einer fairen Basis ohne medizinische Manipulation des menschlichen Körpers (Doping) auszutragen. Wenngleich die Implementation und Akzeptanz der Sanktionen von internationalen Anti-Doping-Regimen zugenommen hat, sind die Versuche, diese Systeme zu unterwandern, nicht verschwunden. Aber die normative Bindewirkung internationaler Anti-Doping Regularien hat auch aufgrund vielfältiger Doping-Skandale in den unterschiedlichen Sportarten eine solche Bedeutung erlangt, dass internationale Sportverbände mittlerweile ganze Staaten oder Profi-Mannschaften von ihren Wettbewerben ausschließen, wenn ihnen systematischer Betrug nachgewiesen werden kann.

Mit der Ausdifferenzierung ihrer Tätigkeitsbereiche ab den 1970er Jahren griff auch die EG bzw. die EU das Thema vermehrt auf. Einerseits betrafen die von der EU aufgestellten Regelungen des Binnenmarkts in indirekter Weise auch den professionellen Sport, wenn es etwa um Arbeitsverträge, Gesundheitsbestimmungen oder Beihilfebestimmungen ging. Andererseits wirkten sich konkrete Urteile des EuGHs wie das berühmte Bosman-Urteil direkt auf die Bedingungen des Sports aus. Im Lissabon-Vertrag von 2007 wurde der Sport sogar im Primärrecht der EU in Artikel 165 verankert. Damit einher ging eine konsequente (rechtliche) Europäisierung des Sports in Bereichen wie der Unterstützung, der Koordination oder der Ergänzung mitgliedsstaatlicher Sportpolitik. Schon seit den 1990er Jahren diskutierten die Europäische Kommission und das Europäische Parlament das Thema Sport, im Jahr 2007 legte die Kommission das erste Weißbuch Sport vor, in dem Maßnahmen zur Stärkung der gesellschaftlichen Rolle des Sports, u. a. durch Bekämpfung von Doping, vorgeschlagen wurden. Seit 2010 nehmen konkrete Sportförderprogramme der EU Gestalt an. Wenngleich diese Entwicklungen noch am Anfang stehen und von Rückschlägen gezeichnet sind, stehen sie doch für eine gesamteuropäische Entwicklung.

Die größere Verbindlichkeit europäischer Politik und Regelungen ging einher mit einer starken Europäisierung und Professionalisierung des Spitzensports, v. a. in Sportarten wie dem Fußball, die eine enorme wirtschaftliche Bedeutung erlangten. Der Trend hierzu hatte schon frühzeitig eingesetzt. Seit den 1970er Jahren setzten sich etwa beim Fußball die Europameisterschaften (der Nationalmannschaften) und der Europa-Pokal (der Vereinsmannschaften) allmählich durch, die dann auch aufgrund von medialer Präsenz, v. a. Live-Übertragungen, und immer intensiveren Marketingmaßnahmen zum tragenden Element der europäischen Sportentwicklung wurde. Mit der Champions League und der Ausweitung des Wettbewerbs in den 2000er Jahren nahm die Professionalisierung des Fußballs (auch seiner nationalen Ligen) dramatisch zu. Immer mehr europäische Vereine, spielten um immer höhere Geldsummen, die durch eine immer umfassendere Kommerzialisierung (Medien und Merchandising) erreicht wurde. Die Champions League erzielte in der Spielzeit 2016/17 nicht weniger als 2,35 Milliarden Euro Bruttoeinnahmen. Spielergehälter und Transfersummen stiegen in hohe Millionenbereiche. Damit konnten sich europäische Vereinsmannschaften – auch auf der Basis liberalisierter Transferrichtlinien – Spieler aus der ganzen Welt zusammenkaufen, womit Sportvereine zum Spiegel der multiethnischen Gesellschaft wurden.

Der Fußball nahm mit einer Reihe anderer Sportarten wie dem Tennis sicherlich eine Sonderrolle in der Entwicklung des Sports ein. Nichtsdestotrotz ist generell eine expansive Entwicklung prägend, die vielfach ganz wesentlich von den Medien vorangetrieben wurde. So spielen Einnahmen aus Übertragungsrechten oder der medial präsentierten Produktwerbung seit den 1980er Jahren (Privatfernsehen) eine zentrale Rolle für die Professionalisierung und Kommerzialisierung des Sports. Gleichzeitig veränderte der Sport seinen Charakter entsprechend medialer Bedürfnisse. Sportarten wie Biathlon oder Beach-Volleyball wurden in ihrem Zuschnitt den Wünschen des Fernsehzuschauers nach kurzweiliger Unterhaltung angepasst, indem Sprint-Veranstaltungen, Kurzstreckenstaffeln und kameranahe Streckenführungen prägend wurden. Ausdauersportarten fielen immer mehr aus dem Medienangebot heraus, da sie dem Fernsehzuschauer nicht in den entsprechenden Unterhaltungszyklen angeboten werden können. Sportsendungen im Fernsehen können als Indikator herangezogen werden, wie stark sich das mediale Sportangebot seit den 1980er Jahren einerseits quantitativ ausgeweitet hat und andererseits qualitativ auf ganz wenige Sportarten konzentriert hat. Damit zusammenhängend veränderte sich die gesellschaftliche Stellung einzelner Sportarten in ganz Europa radikal und wirkte sich direkt auf das Interesse v. a. der jüngeren Generation an einzelnen Sportarten aus. Während der Fußball in vielen Staaten immer beliebter wurde, verloren andere Sportarten an Nachwuchs.

Sport und insbesondere der Fußball, der ein Massenpublikum anspricht, müssen als Spiegel der europäischen Gesellschaften betrachtet werden. So sehr Nationalmannschaften in ihrer Zusammensetzung die von Migration geprägten multiethnischen Gesellschaften repräsentieren, so sehr steht der Spitzensport für Europäisierung oder auch die Medialisierung und Kommerzialisierung europäischer Gesellschaften seit den 1970er Jahren. Gleichzeitig verschärfte sich die Spreizung zwischen europäischem Breitensport und europäischem Spitzensport zunehmend. Sportvereine waren auf der einen Seite zu florierenden (mitunter sogar börsennotierten) Großunternehmen geworden. Demgegenüber stand aber die große Zahl kleiner Vereinen, die ohne staatliche Förderung in ihrem Bestand immer mehr bedroht waren und massiv mit den Folgen von abnehmendem ehrenamtlichen Engagement, v. a. in den jüngeren Generationen, zu kämpfen hatten.

7.5 Fazit

Die Metatrends gesellschaftlicher Veränderungen in Europa seit den 1970er Jahren lassen sich unter dem Stichwort Europäisierung zusammenfassen. Europäisierung erfasst die gesellschaftlichen Grundwerte sowie die Formen des Zusammenlebens, wobei der individuell wählende und selbstbestimmte Europäer sich immer mehr als Grundmuster erwies. Vielfältige Angleichungen erfolgten bei Fragen der gesellschaftlichen Teilhabe wie den Neuen Sozialen Bewegungen, aber eben auch bei der Gleichberechtigung von Frau und Mann im privaten und öffentlichen Raum oder bei der von Migration erwirkten ethnisch-religiösen Pluralität Europas. In den Staaten (West-) Europas verband sich Migration mit anderen sozialstrukturellen Entwicklungen, v. a. dem Rückgang der Geburtenrate, so dass Staaten wie die Bundesrepublik, Frankreich u. a. durch Migration ihre Einwohnerzahlen stabil halten konnten. Dies hatte wiederum fundamentale Auswirkungen auf staatliche Sozial- und Sicherungssysteme sowie die fortdauernde Existenz europäisch sozialer Errungenschaften. Europa ist dabei generell zu einem gemeinsamen gesellschaftlichen Erfahrungsraum geworden, in dem sich viele Parameter des Lebens vom Sport über die Medien bis hin zu Familienformen aneinander angeglichen haben.

Abkürzungen

ARPANET	Advanced Research Projects Agency Network
BRD	Bundesrepublik Deutschland
BIP	Bruttoinlandsprodukt
CERN	Conseil Européen pour la recherche nucléaire
DDR	Deutsche Demokratische Republik
EEA	Einheitliche Europäische Akte
ENIAC	Electronic Numerical Integrator and Computer
UEFA	Union of European Football Associations
EG	Europäischen Gemeinschaft
EGKS	Europäischen Gemeinschaft für Kohle und Stahl
EuGH	Europäischen Gerichtshof
EU	Europäische Union
EWS	Europäischen Währungssystem
ECU	European Currency Unit
EWG	Europäischen Wirtschaftsgemeinschaft
EZB	Europäischen Zentralbank
ETA	Euskadi ta Askatasuna
FIFA	Fédération Internationale de Football Association
GASP	Gemeinsamen Außen- und Sicherheitspolitik
GSO	Geostationären Satelliten Orbit
GATT	General Agreement on Tariffs and Trade
GATS	General Agreement on Trade in Services
GPS	Global Positioning System
GSM	Groupe Spéciale Mobile
HTML	Hypertext Markup Language
ISDN	Integrated Services Digital Network
IGO	Intergouvernementale Organisation

IKEA	Ingvar Kamprad Elmtaryd Agunnarryd
IS	Islamischer Staat
ITSO	International Telecommunication Satellite Organisation
ITU	Internationale Telekommunikationsunion
IWF	Internationalen Währungsfonds
IRA	Irish Republican Army
JPEG	Joint Photographic Expert Group
KSZE	Konferenz für Sicherheit und Zusammenarbeit in Europa
NGO	Nichtgouvernementale Organisation
NATO	North Atlantic Treaty Organization
OECD	Organisation for Economic Co-operation and Development
PISA	Programme for International Student Assessment
RGW	Rat für Gegenseitige Wirtschaftshilfe
RAF	Rote-Armee-Fraktion
TRIPS	Trade Related Aspects of International Property Rights
TTIP	Transatlantic Trade and Investment Partnership
UNESCO	United Nations Educational, Scientific and Cultural Organization
UN/ UNO	Vereinte Nationen
WTO	Welthandelsorganisation

Literatur

Überblick

Altrichter H., Bernecker W., Geschichte Europas im 20. Jahrhundert, Stuttgart 2004.

Black J., Europe since the Seventies, London 2009.

Doering-Manteuffel A., Raphael L., Nach dem Boom. Perspektiven auf die Zeitgeschichte seit 1970, Göttingen 2010.

Fäßler P., Globalisierung. Ein Kompendium, Köln 2007.

Judt T., Geschichte Europas von 1945 bis zur Gegenwart, München 2006.

Reinhard W., Die Unterwerfung der Welt. Eine Globalgeschichte der europäischen Expansion 1415-2015, München 2016.

Rödder A., 21.0. Eine kurze Geschichte der Gegenwart, Bonn 2017.

Stöver B., Der Kalte Krieg 1947-1991, Bonn 2007.

Thiemeyer G., Europäische Integration. Motive, Prozesse, Strukturen, Köln 2010.

Wirsching A., Der Preis der Freiheit. Geschichte Europas in unserer Zeit, München 2012.

Staat

Deitelhoff F., Steffek J. (Hgg.), Was bleibt vom Staat? Demokratie, Recht und Verfassung im globalen Zeitalter, Frankfurt 2009.

Herren M., Internationale Organisationen seit 1865, Darmstadt 2009.

Hobolt S., Cramme O. (Hgg.), Democratics Politics in a European Union under Stress, Oxford 2015.

Milward A., The European Rescue of the Nation State, London 1992.

Ther P., Sundhaussen H. (Hgg.), Regionale Bewegungen und Regionalismen in europäischen Zwischenräumen, Marburg 2003.

Wallace H., Policy-Making in the European Union, Oxford 2005.

Warlouzet L., Governing Europe in a Globalizing World. Neoliberalism and its Alternatives following the 1973 Oil Crisis, London 2018.

Weidenfeld W., Die Staatenwelt Europas, Bonn 2006.
Wirsching A., Demokratie und Globalisierung. Europa seit 1989, München 2014.
Zürn M., Regieren jenseits des Nationalstaats: Globalisierung und Denationalisierung als Chance, München 1998.

Recht

Biegi M., Die humanitäre Herausforderung, Baden-Baden 2004.
Fischer K., Die Entwicklung des europäischen Vertragsrechts, Baden-Baden 2016.
Grossi P., Das Recht in der europäischen Geschichte, München 2010.
Modéer K (Hg.), Europäische Rechtsgeschichte und europäische Integration, Stockholm 2000.
Satzger H., Internationales und Europäisches Strafrecht, Baden-Baden 2018.
Schüttauf K., Globalisierung – Probleme einer neuen Weltordnung, Würzburg 2007.
Stolleis M., Europa als Rechtsgemeinschaft, in: Kadelbach, Stefan (Hg.), Europa als kulturelle Idee, Baden-Baden 2010, S. (...)
Reinhard W., Geschichte der Staatsgewalt, München 2000.
Wesel U., Geschichte des Rechts in Europa, München 2010.
Zimmermann R. (Hg.), Globalisierung und Entstaatlichung des Rechts, Tübingen 2008.

Wirtschaft

Ambrosius G., Globalisierung. Geschichte der internationalen Wirtschaftsbeziehungen, Wiesbaden 2018.
Berend I., An Economic History of Twentieth-Century Europe, Cambridge 2006.
Brakman S., Nations and firms in the global economy, Cambridge 2006.
Eichengreen B., Vom Goldstandard zum Euro. Die Geschichte des internationalen Währungssystems, Berlin 2000.
Koch E., Internationale Wirtschaftsbeziehungen, München 2006.
Lybeck J., A Global History of the Financial Crash 2007-2010, Cambridge 2011.
Mihm S., Roubini N., Das Ende der Weltwirtschaft und ihre Zukunft, Frankfurt 2010.
Pierenkemper T., Geschichte des modernen ökonomischen Denkens. Große Ökonomen und ihre Ideen, Göttingen 2012.
Rifkin J., Die dritte industrielle Revolution, Frankfurt 2011.
Walter R., Geschichte der Weltwirtschaft, Köln 2006.

Technik

Ambrosius G., Henrich-Franke C., Integration of Infrastructures in Europe in Comparison, Berlin 2016.
Badenoch A., Fickers A. (Eds.), Materializing Europe. Transnational Infrastructures and the Project of Europe, Houndmills 2010.
Bouneau, C., Burigana D., Varssori A. (Hgg.), Trends in Technological Innovation and the European Construction. The Emerging of Enduring Dynamics? Bruxelles 2010.
Bösch F., Mediengeschichte. Vom asiatischen Buchdruck zum Fernsehen, Frankfurt 2011.
Castells M., Mobile communication and society, Cambridge 2007.
Högselius P., Kaijser A., Van der Vleuten A., Europe's infrastructure transition, London 2015.
Kaijser A. Van der Vleuten E. (Hgg.), Networking Europe. Transnational Infrastructures and the Shaping of Europe 1850-2000, Sagamore Beach Ma. 2006.
Kaiser W., Schot J., Writing Rules for Europe, London 2014.
Misa T., Schot J., Inventing Europe: Technology and the Hidden Integration of Europe, in: History and Technology, 23 (2005), S. 1-19.
Urry J., Mobilities, Cambridge 2007.

Gewalt

Heinke E., Terrorismus und moderne Kriegsführung, Bielefeld 2016.
Howard M., Der Krieg in der europäischen Geschichte, München 2010.
Hobsbawm E., Globalisierung, Demokratie und Terrorismus, München 2009.
Kraushaar W., Die blinden Flecken der 68er Bewegung, Stuttgart 2018.
Münkler H., Die neuen Kriege, Reinbek 2003.
Nitschke P. (Hg.), Globaler Terrorismus und Europa, Wiesbaden 2008.
Reiter M. (Hg.), Europa und der 11. September 2001, Wien 2011.
Stürmer M., Welt ohne Weltordnung: Wer wird die Welt erben?, Hamburg 2006.
Terhoeven P., Deutscher Herbst in Europa : Der Linksterrorismus der Siebziger Jahre als transnationales Phänomen, München 2014.
Weinberg L., Pedahzur A., Political Parties and Terrorist Groups. Routledge, London 2003.

Gesellschaft

Bade K., Europa in Bewegung. Migration vom späten 18. Jahrhundert bis in die Gegenwart, München 2000.
Castles S., The age of migration. International population movements in the world, Houndsmill 2003.
Conrad C., Kocka J. (Hgg.), Staatsbürgerschaft in Europa, Hamburg 2001.
Kaelble H., Sozialgeschichte Europas, München 2007.
Mau S., Transnationale Vergesellschaftung. Die Entgrenzung sozialer Lebenswelten, Frankfurt 2007.
Ohliger R., Schönwälder K., Triadafilopoulos T. (Hgg.), European Encounters: Migrants, Migration and European Societies since 1945, Aldershot 2003.
Patel K., The Cultural Politics of Europe: European Capitals of Culture and European Union since the 1980s. Routledge, London 2013
Therborn G., Die Gesellschaften Europas 1945-2000, Frankfurt 2000.
Wilhelm C. (Hg.), Migration, memory and diversity, Oxford 2017.
Wolfgang R., Lebensformen Europas. Eine historische Kulturantropologie, München 2014.

Abbildungsnachweis

Abb. 1, S. 44: Wiki Commons
Abb. 2, S. 49: Wiki Commons
Abb. 3, S. 60: Bildarchiv des Bundesarchivs
Abb. 4, S. 62: C. Henrich-Franke
Abb. 5, S. 74: Wiki Commons
Abb. 6, S. 80: Wiki Commons
Abb. 7, S. 87: C. Henrich-Franke
Abb. 8, S. 89: Picture Alliance
Abb. 9, S. 100: Wiki Commons
Abb. 10, S. 119: Wiki Commons B. Fuchs
Abb. 11, S. 124: Bildarchiv des Bundesarchivs
Abb. 12, S. 128: Bildarchiv des Bundesarchivs
Abb. 13, S. 135: Picture Alliance
Abb. 14, S. 146: Alamy
Abb. 15, S. 164: www.emma.de
Abb. 16, S. 168: C. Henrich-Franke

Index

G

H

I

J

K

L

M

N

O

P

R

S

T

U

V

W